Intentemos de nuevo

Libros de Gary Chapman publicados por Portavoz

Biblia devocional: Los lenguajes del amor, Nueva Traducción Viviente

Biblia devocional: Los lenguajes del amor, Reina-Valera 1960

Casados y felices. . . despúes de tantos años

El enojo: Cómo manejar una emoción poderosa de una manera saludable

Intentemos de nuevo

Los 5 lenguajes del aprecio en el trabajo: Cómo motivar al personal para mejorar su empresa

Lo que me hubiera gustado saber antes de casarme

Lo que me hubiera gustado saber antes de tener hijos

Mantén vivo el amor cuando las memorias se desvanecen

El matrimonio que siempre ha deseado

El reto de criar a tus hijos en un mundo tecnológico

Intentemos de nuevo

Qué hacer cuando tu matrimonio se está desmoronando

GARY CHAPMAN

La misión de *Editorial Portavoz* consiste en proporcionar productos de calidad —con integridad y excelencia—, desde una perspectiva bíblica y confiable, que animen a las personas a conocer y servir a Jesucristo.

Título del original: *One More Try,* © 2014 por Gary Chapman y publicado por Moody Publishers, 820 N. LaSalle Boulevard, Chicago, IL 60610. Traducido con permiso. Publicado anteriormente con el título *Esperanza para los separados.* Texto revisado y ampliado.

Traducción: Nohra Bernal

Las cursivas añadidas en las citas bíblicas son énfasis del autor.

EDITORIAL PORTAVOZ
2450 Oak Industrial Drive NE
Grand Rapids, Michigan 49505 USA
Visítenos en: www.portavoz.com

ISBN 978-0-8254-5670-1 (rústica)
ISBN 978-0-8254-6508-6 (Kindle)
ISBN 978-0-8254-8657-9 (epub)

2 3 4 5 edición / año 25 24 23 22 21 20 19 18

Impreso en los Estados Unidos de América
Printed in the United States of America

A las muchas parejas que,
en medio del dolor de la crisis matrimonial,
aceptaron el desafío de buscar la reconciliación,
y me han permitido contar sus historias.

Contenido

Introducción

"Ya no puedo más"

Emilia era expresiva. Demasiado expresiva. Siempre había sido hábil con las palabras, pero ahora, ella y David, su esposo desde hacía quince años, empezaban a pelear con más frecuencia y sus críticas calaban más hondo. Dinero, problemas del trabajo de David, el estrés de un hijo adoptivo con problemas emocionales, todo esto empeoraba lo que era de por sí un panorama de heridas de infancia sepultadas en el pasado.

Sintiéndose lastimado y vencido, David, que era por naturaleza una persona más fácil de tratar, empezó a pensar: "Ya no puedo más. ¿Vale la pena?". Algunos de sus amigos sugirieron una separación. Su pastor lo instó a perseverar. Un consejero conocido le dijo: "Necesitan un tiempo de 'separación' para sanar".

David estaba más confundido que nunca…

Alicia se entretenía con su teléfono mientras veía televisión. Se dio cuenta de que se hacía tarde, y Pablo no llegaba a casa. Sabía que su trabajo como administrador del restaurante de un hotel le exigía trabajar hasta tarde en las noches, en especial durante temporada alta. Pero... había algo más. Una distancia.

En poco tiempo descubrió por qué.

Y quién.

Carlos —dijo el pastor Fernando—, tú y Patricia tienen que separarse por un tiempo si quieren salvar su matrimonio.

Carlos no podía creer que escuchaba esas palabras de su pastor.

—¿Qué? ¿Quiere decir que me vaya? ¿Que deje a mis hijos? ¿Que sea el "papá de fin de semana" como mi colega de trabajo?

—Sí —dijo el pastor—. Conozco algunos de los problemas que enfrentan y cómo los dos viven en un conflicto permanente. Creo que eso es precisamente lo que necesitan.

Carlos siguió protestando, imaginándose solo en un apartamento. No obstante, reconoció que debía hacer algo. Él y Patricia peleaban todo el tiempo, excepto cuando ella apenas soportaba mirarlo. Eso no podía ser positivo para los niños. Quizá valía la pena intentarlo.

Por supuesto que todos los matrimonios tienen sus altibajos, pero algunos necesitan más que un "ajuste" o un fin de semana sin los niños. Algunos, como los que acabo de mencionar, necesitan un rescate.

Con mucha frecuencia, esto precisa la intervención de un consejero profesional. He consagrado muchos años a ayudar a personas con relaciones problemáticas. Muchos que han venido a mi consultorio llegaron cuando ya estaban separados. El nivel de estrés en su matrimonio era tal que uno de los cónyuges tuvo que irse. El dolor de la separación y la verdadera responsabilidad del divorcio los había obligado a buscar ayuda.

Otros no habían llegado al punto de la separación, pero contemplaban esa posibilidad. En todo caso, perdían rápidamente la esperanza en la supervivencia de su matrimonio. Habían llegado al punto de decir: "Ya no puedo más".

Debes saber que no estás solo y que hay esperanza.

Parte de mi papel como consejero es brindar esperanza. Ya sea que vivas separado en este momento o simplemente sientas que tu matrimonio se está acabando, debes saber que no estás solo y que hay esperanza. Debes saber que vale la pena luchar por tu matrimonio.

No te diré que esto sea fácil. Como lo expresa un consejero: "Es fácil enamorarse, pero muy difícil luchar por el amor".[1]

Además, en nuestra sociedad esto contradice por completo la cultura. En este libro exploraremos las razones por las cuales permanecer juntos es la mejor opción. Veremos con franqueza qué hacer cuando un matrimonio no puede salvarse. Contaremos historias de parejas que "rescataron" sus matrimonios.

Este libro no te brinda respuestas fáciles ni fórmulas rígidas. No hay un remedio simple para un matrimonio enfermo

1. Samuel Rainey, correo electrónico, noviembre, 2013.

a punto de separarse. Pero quienes realmente desean ayuda, aunque el remedio sea difícil de aceptar, sigan leyendo. Sus probabilidades de recuperación son altas.

Para los pastores, consejeros laicos y parientes que quieren ayudar a quienes experimentan la agonía de la discordia o la separación matrimonial, me he propuesto dar respuestas prácticas y esperanzadoras en un lenguaje comprensible para todos. Se han escrito muchos libros de ayuda para quienes ya se han divorciado, pero pocos, en mi opinión, tratan adecuadamente la experiencia de quienes luchan con la separación o contemplan la posibilidad de poner fin a su matrimonio.

Como escuchó Carlos de boca de su pastor, no debe darse por sentado que la separación termine en divorcio. La separación puede ser también un medio para lograr un matrimonio restaurado, para enriquecerlo y hacerlo crecer. Sin embargo, debe ser un resultado que busquen con determinación los individuos involucrados en el proceso. Tampoco debe suponerse que una crisis matrimonial, como cuando uno de los cónyuges siente que "ya no puede más" y considere seriamente separarse, lleve necesariamente al divorcio.

Por supuesto, la verdadera utilidad de este libro no radica en leerlo, sino en poner en práctica la verdad. Un antiguo sabio dijo: "El viaje de mil kilómetros empieza con el primer paso".

Espero que este libro te ayude a dar ese paso.

1

¿Qué pasó con nuestro sueño?

Julia se sentó en la antesala de la oficina del director de la escuela, esperando su turno para hablar con él. Su hijo estaba en problemas. Otra vez. En esta ocasión, era serio. Ella le envió un mensaje a su esposo Tomás, quien trabajaba no muy lejos de la escuela. Él le había enviado esta respuesta: "Perdón, en reunión. No puedo salir". Ahora ella estaba furiosa. ¡Qué típico de Tomás! Nunca está disponible cuando su familia lo necesita. Este se había convertido en un patrón de conducta y Julia ya se preguntaba seriamente cuánto tiempo más podría soportarlo.

Esta pareja encarna la realidad de la que hablo en el libro *Desperate Marriages* [Matrimonios desesperados], y se refiere al "muro de piedra" que puede levantarse entre una pareja de esposos. Cada piedra en el muro representa un suceso pasado en el que uno de ellos le ha fallado al otro.[1]

Hablemos ahora de Miguel. Siempre le había encantado

1. Gary Chapman, *Desperate Marriages* (Chicago: Northfield, 2008), p. 34.

compartir su vida con Juana; hasta se jactaba de que su esposa era su "mejor amiga". Pero ahora tenían un par de hijos y, al parecer, Juana se había dedicado de lleno a su papel de madre y su esposo pasó a un segundo plano. Miguel empezó a sentirse solo y abandonado, y a pasar más tiempo en el bar del vecindario donde se dedicaba a ver deportes con sus amigos. Cada vez que llegaba a casa, él y Juana se enfrascaban en altercados y, lentamente, el muro de separación crecía entre ellos. Algunas parejas parecen incapaces de dejar de reñir. Cualquier asunto puede convertirse en la chispa que enciende el conflicto. Llegan a sentirse tan exhaustos que terminan enfermándose físicamente. Ni siquiera están ya seguros de que se caigan bien. Piensan que tal vez les conviene separarse.

"Mi padre fue un hombre muy iracundo —recuerda cierta mujer—, él y mi mamá peleaban mucho. Él le gritaba y mamá reaccionaba poniéndose a la defensiva o simplemente lo ignoraba por completo. Nuestro ambiente de hogar fue bastante turbulento, aunque hubo momentos de paz. ¿Nos habría ido mejor si ellos se hubieran separado? Es difícil decirlo y, en aquel tiempo, el divorcio no era común, pero el conflicto definitivamente deja secuelas".

Como una pequeña muerte

Si tu matrimonio se caracteriza por más días de conflicto que de buena compañía, quizá te preguntes: "¿A dónde fue todo a parar? ¿Qué le pasó al sueño de un amor y un compromiso para toda la vida?".

Si estás separado o si ya vives separado, tal vez lo sientas como una pequeña muerte. Cada día la ausencia de tu pareja te recuerda todo lo que has perdido. Si están juntos físicamente pero distanciados emocionalmente, eso también puede experimentarse como algo similar a la muerte, a la muerte de un sueño, de una esperanza. Nos referimos a aquel "valle de sombra de muerte". No obstante, debes entender que una sombra no es la muerte misma. La crisis de tu matrimonio, bien sea que estén o no separados, puede ser el valle de la restauración, y el dolor que sientes puede ser como los dolores de parto o las contracciones que traerán el renacer de tu matrimonio. Por otro lado, la separación puede ser el principio del final. El desenlace de tu separación depende de lo que tú y tu cónyuge digan y hagan en las semanas y meses que vienen.

En un sentido muy real, un matrimonio en crisis requiere cuidados intensivos, muy similares a los que se brindan a una persona que está en grave peligro físico. La condición de tu matrimonio es "crítica". La relación se debate entre la vida y la muerte en cualquier instante. Es de vital importancia dar la medicina indicada, lo cual es el propósito de este libro. Posiblemente sea necesaria una cirugía. Eso requerirá los servicios de un consejero o pastor. Lo que ustedes hagan en las próximas semanas determinará la calidad de su vida durante muchos años venideros. Tengan la plena seguridad de que a Dios le interesa el resultado. Pueden contar con Él para recibir ayuda sobrenatural.

Este no es el momento de darse por vencido. La batalla por la unidad matrimonial no termina hasta que se haya firmado un certificado de defunción. Los sueños y las esperanzas que compartieron al casarse siguen siendo válidos y vale la pena luchar por ellos. Ustedes se casaron porque estaban enamorados o pensaron que lo estaban en ese momento. Ustedes soñaron con el matrimonio perfecto en el que cada uno hacía supremamente feliz al otro. ¿Qué le sucedió a ese sueño? ¿Qué salió mal? ¿Qué pueden hacer para arreglarlo?

El sueño puede revivir, pero no sin esfuerzo. Es un trabajo, un esfuerzo que requerirá escuchar, entender, practicar disciplina y realizar cambios. Es la clase de trabajo y esfuerzo que pueden resultar en la dicha de un sueño hecho realidad.

Sé que algunos de ustedes dirán: "Suena bien, pero no va a funcionar. Ya lo hemos intentado antes. Además, no creo que mi cónyuge quiera volver a intentarlo".

> Yo nunca pregunto: "¿Quieres esforzarte para que funcione tu matrimonio?", sino más bien: "¿Estás dispuesto a esforzarte para que funcione tu matrimonio?".

Quizá tengas razón, pero no des por hecho que la actitud hostil de tu cónyuge durará para siempre. Algo que Dios ha dado a cada hombre y a cada mujer es el poder de tomar decisiones. Todos podemos cambiar y ese cambio puede servir para mejorar la situación. Tal vez tu cónyuge diga: "Ya no quiero más, para mí se acabó. No quiero hablar más al respecto". Sin embargo, puede ser que en un par de semanas o meses esté dispuesto a hablar. Esto depende en gran medida de lo que tú hagas durante ese tiempo y de la respuesta de tu pareja al Espíritu de Dios.

Otros dirán: "No estoy seguro de querer invertir en este matrimonio. Lo he intentado. He dado y dado hasta más no poder. No va a funcionar, ¡bien podría abandonarlo ya mismo!". Créeme que comprendo muy bien esos sentimientos.

Sé que cuando lo hemos intentado una y otra vez sin éxito, podemos perder nuestro deseo de intentarlo una vez más. No le vemos sentido y llegamos a la conclusión de que no nos queda otra alternativa que rendirnos. Nuestras emociones ya no nos alientan a esforzarnos para que funcione el matrimonio. Por eso yo nunca pregunto: "¿Quieres esforzarte para que funcione tu matrimonio?", sino más bien: "¿Estás dispuesto a esforzarte para que funcione tu matrimonio?". Cuando se llega al punto crítico ya hemos perdido gran parte de nuestro "deseo" de esforzarnos en el matrimonio. Debemos recordar nuestros valores, nuestros compromisos, y nuestros sueños, y elegir actuar conforme a ellos.

¿Dónde buscaremos ayuda? Para los cristianos hay una fuente estable a la cual podemos acudir cuando necesitamos dirección. La fuente verdadera es la Biblia. Los no cristianos podrán o no acudir a las Escrituras, pero el cristiano es atraído por el Espíritu de Dios a las Escrituras. En la Biblia no solo encontramos lo que debemos hacer, sino también el aliento para hacerlo. Incluso el no cristiano que busca, con sinceridad, ayuda en la Biblia puede hallarle significado a la declaración de Pablo: "Todo lo puedo en Cristo que me fortalece" (Fil. 4:13). Cuando venimos a Cristo hallamos la ayuda externa que necesitamos para lograr lo que en nuestros propios recursos insuficientes resulta imposible.

¡Camino equivocado!

Cuando buscamos orientación en la Biblia acerca del matrimonio, vemos dos avisos: uno que dice *camino equivocado*, y el otro *desvío*. En el aviso marcado *contravía* aparece la palabra *divorcio*. En el aviso marcado *desvío* aparecen las palabras *unidad matrimonial.* Vamos a explorar el significado y la dirección a la que apuntan estos dos avisos.

Según el Antiguo y el Nuevo Testamento, el divorcio siempre representa el camino errado. En el principio, cuando Dios dijo a Adán y Eva: "Fructificad y multiplicaos: llenad la tierra" (Gn. 1:28), Él nunca sugirió en lo absoluto que el matrimonio durara algo menos que toda la vida. La primera vez que la Biblia menciona el divorcio aparece en los escritos de Moisés.[2] Moisés permitió el divorcio, pero Dios nunca lo recomendó ni lo avaló. Más adelante, Jesús explicó a los fariseos que Moisés había permitido el divorcio únicamente debido a la "dureza de corazón" del pueblo (Mt. 19:8), pero que, desde un principio, el divorcio no fue parte del plan de Dios. Jesús afirmó que la intención de Dios era una relación marital monógama y para toda la vida. Cuando Dios instituyó el matrimonio, el divorcio no era una opción. Dios no creó el divorcio, así como tampoco creó la poligamia. Estas fueron innovaciones humanas. Es claro que a los ojos de Dios esas innovaciones siempre son equivocadas.

Por otro lado, el aviso marcado *desvío* (unidad matrimonial) indica que la pareja no ha perdido de vista la meta, ni se ha salido del camino. Más bien, han tomado la ruta intrincada de la separación porque el puente de su convivencia se ha derrumbado. La discordia matrimonial ha debilitado el puente del matrimonio, y el sendero hacia la armonía restaurada en su matrimonio ya no es una ruta directa y corta.

El aviso de desvío puede ocasionar sentimientos inmediatos de angustia, pero detrás de él hay esperanza. Por lo menos hay señales que indican el camino de regreso a la ruta principal,

2. Ver Levítico 21:14, 22:13; Números 30:9; Deuteronomio 24:1-4.

que es la renovación de la unidad matrimonial. Si logran seguir las señales, es muy probable que encuentren el camino de vuelta.

Cuando Dios dice que el divorcio es el camino equivocado, no trata de hacernos la vida difícil, sino de encaminarnos hacia la prosperidad y la esperanza.

Ahora mismo, ustedes están en una encrucijada en el camino de la vida. Deben elegir qué camino seguir durante los próximos meses. Hemos visto que Dios nunca recomienda ni alienta el divorcio, pero Él sigue dando a la humanidad la libertad de elegir su camino. En el transcurso de la historia, el hombre ha tomado muchas decisiones insensatas. Dios no ha destruido de inmediato a los seres humanos por sus malas decisiones. Si Dios hubiese optado por ello, la humanidad se habría extinguido hace miles de años. Dios le ha otorgado una libertad genuina, y esto incluye la libertad de maldecir a Dios y de emprender nuestro propio camino. La Biblia indica que, en una u otra medida, todos hemos usado esa libertad para nuestra propia ruina (Is. 53:6).

El principio de la libertad humana que Dios nos concede se declara en Gálatas 6:7: "No os engañéis; Dios no puede ser burlado: pues todo lo que el hombre sembrare, eso también segará". Dios simplemente ha permitido que la humanidad coseche lo que ha sembrado, abrigando la esperanza de que los humanos aprendamos a plantar buenas semillas: "Porque el que siembra para su carne, de la carne segará corrupción;

mas el que siembra para el Espíritu, del Espíritu segará vida eterna" (Gá. 6:8).

Los planes de Dios para su pueblo son buenos. Él jamás estableció algo con el propósito de hacernos la vida desdichada. "Porque yo sé los pensamientos que tengo acerca de vosotros, dice Jehová, pensamientos de paz, y no de mal, para daros el fin que esperáis" (Jer. 29:11). Cuando Dios dice que el divorcio es el camino equivocado, no trata de hacernos la vida difícil, sino de encaminarnos hacia la prosperidad y la esperanza.

Quizá digas: "Pero no tenemos prosperidad ni esperanza", y sea cierto. Sin embargo, los fracasos del pasado no tienen por qué dictaminar el futuro. La falta de realización que has experimentado probablemente sea el resultado de uno de tres factores: falta de una comunión íntima con Dios, falta de una comunión íntima con tu pareja o falta de una comprensión y aceptación íntimas de ti mismo. El primero y último pueden corregirse sin la intervención de tu pareja. Como es de esperar, el segundo requerirá la cooperación de ambos esposos. Lograr un cambio radical en las tres áreas es definitivamente posible. Así pues, tu matrimonio puede indudablemente renacer.

Más adelante ofreceré maneras de iniciar el cambio en cada uno de estos factores. Sin embargo, antes quiero enunciar claramente que el ideal bíblico para una pareja en crisis exige reconciliación. Tal vez tú no sientas deseos de reconciliarte. Tal vez no tengas esperanza de una reunión. El proceso tal vez te asuste, pero ¿me permites desafiarte a seguir el ejemplo que Dios mismo ha establecido?

Reconciliación y arrepentimiento

A lo largo de la Biblia, Dios se presenta en una relación de amor con su pueblo. En el Antiguo Testamento con Israel y en el Nuevo Testamento con la Iglesia. En muchas ocasiones, Dios se encuentra separado de su pueblo, no por decisión suya sino de ellos. En cierto sentido, la Biblia entera es un recuento de los intentos divinos de reconciliación con su pueblo. El libro del profeta Oseas provee la ilustración más gráfica del proceso.

A pesar de que Gomer, la esposa de Oseas, le fue infiel una y otra vez, Dios le ordenó: "Ve y ama a tu esposa, así como yo amo a los israelitas" (Os. 3:1, TLA). Aunque Israel fue idólatra e infiel a Dios, Él dijo: "A pesar de todo eso, llevaré a Israel al desierto, y allí, con mucho cariño, haré que se vuelva a enamorar de mí" (2:14, TLA).

En el Nuevo Testamento, oímos a Jesús expresar el dolor de la separación cuando dice: "¡Jerusalén, Jerusalén, que matas a los profetas, y apedreas a los que te son enviados! ¡Cuántas veces quise juntar a tus hijos, como la gallina junta a sus polluelos debajo de las alas, y no quisiste!" (Mt. 23:37-38).

En el libro de Jeremías, Dios rememora la devoción de Israel en el desierto y cómo Él protegió a Israel de sus enemigos durante aquellos días. Pero luego vino la frialdad, la separación. "¿Se olvida la virgen de su atavío, o la desposada de sus galas? Pero mi pueblo se ha olvidado de mí por innumerables días" (2:32).

El resto del libro es una plegaria por la reconciliación: "Vuélvete, oh rebelde Israel… porque misericordioso soy yo", ruega el Señor (3:12).

Sin embargo, Dios invita a sus hijos a "volver a casa", al tiempo que corrige su conducta pecaminosa, mandándoles: "desháganse de esos ídolos asquerosos, y no se aparten de mí" (4:1, TLA). No puede haber reconciliación sin arrepentimiento. En la relación matrimonial debe haber arrepentimiento mutuo, porque casi siempre el fracaso se debe a ambas partes.

No es mi intención restar importancia a las heridas, el dolor, la frustración, el enojo, el resentimiento, la soledad y la decepción que puedas sentir. Tampoco tomo a la ligera tus esfuerzos pasados por lograr el equilibrio en tu matrimonio. Más bien, el propósito de este capítulo es hacer un llamado para aceptar el desafío de luchar por tu matrimonio y, si ya te has separado, aprovechar este tiempo para crecer y aprender.

La separación a veces conlleva un sentimiento de paz emocional. Esa paz se interpreta erróneamente como un indicativo de que la separación y el divorcio deben ser lo correcto. Un esposo dijo: "Esta es la primera semana de paz que he tenido en años". Esa paz es el resultado de haber abandonado el campo de batalla. ¡Es natural que uno tenga paz cuando ha dejado el conflicto! Sin embargo, la retirada nunca es el camino a la victoria. Tú debes abandonar la retirada con la determinación renovada para derrotar al enemigo de tu matrimonio.

Como entendió sabiamente el pastor en la introducción, la separación te libra en parte de la presión constante del conflicto. Te da tiempo para analizar principios bíblicos para edificar un matrimonio fructífero. Te permite además hacer un autoexamen en el que las emociones pueden separarse de la conducta. Puede también estimular una apertura más profunda en la comunicación que no existía antes. En pocas palabras, te ubica en una posición en la que puedes desarrollar una nueva comprensión de ti mismo y de tu pareja. La separación no es necesariamente el principio del fin. Puede ser tan solo el nuevo comienzo.

Ahora bien, si no te has separado pero lo estás pensando, y te preguntas qué futuro podría tener tu relación, también comienzas una larga jornada llena de retos, pero que puede ser profundamente gratificante. O, como lo expresó Gary Smalley: "Decide recibir esta prueba como una invitación para crecer en humildad y amor".[3]

Empecemos.

PASOS DE CRECIMIENTO

1. Bien sea que estés separado o en una crisis matrimonial, lee el capítulo siguiente con una mente abierta. Examina tus actitudes y tus acciones.

3. Gary Smalley, *Winning Your Wife Back Before It's Too Late* (Nashville: Thomas Nelson, 2004), p. 101.

2

Cómo empezar a salvar tu matrimonio

¿Por dónde empezar?

Muchas parejas en crisis tienen un deseo sincero de salvar sus matrimonios, pero se sienten pesimistas porque los mismos problemas y las mismas conversaciones se repiten una y otra vez. Algunos cónyuges se preguntan si es posible "salvar sus matrimonios por su cuenta", para citar al autor Ed Wheat.[1] Otros, como hemos visto, simplemente están cansados de luchar. Se requiere una medida extraordinaria de valentía para vencer este escepticismo y agotamiento, y emprender la labor de sanidad. Se requiere valentía para manifestar bondad a alguien que sientes que te ha maltratado, para hablar la verdad con amor y para desechar viejos hábitos de relacionarse.

Asimismo, es necesario comprender que el divorcio no es la respuesta. Hace muchos años, el divorcio era algo raro, algo que hacían los actores de Hollywood. Luego, entre 1960 y

---

1. Ed Wheat, *How to Save Your Marriage Alone* (Grand Rapids: Zondervan, 1983).

1980, hubo un gran aumento de la tasa de divorcios[2] y, aunque se estabilizó en cierta medida, sigue siendo demasiado alta y se acepta con demasiada facilidad como una solución. De hecho, la prevalencia del divorcio en nuestra sociedad la convierte, simplemente, en una opción más para considerar. Cuando un hermano o hermana se divorcian, o un amigo o colega de trabajo, puede que pienses: "Bueno, tal vez...". ¡Pero no abras esa puerta!

La pregunta es entonces: ¿Estás dispuesto a intentarlo? Quiero empezar este capítulo con una pregunta muy personal, la misma pregunta que te haría si estuvieras en mi consultorio: ¿Vas a esforzarte por reconciliarte con tu pareja? ¿Vas a invertir energía, esfuerzo y tiempo para descubrir lo que puede hacerse y luego emprender acciones constructivas?

Ya he hablado acerca de los muros que con el tiempo las parejas levantan entre sí. La autora Judy Bodmer describe lo que sucedió al principio de su matrimonio:

> "Recuerdo claramente el día que puse el primer ladrillo. Habíamos estado casados nueve meses. Fuimos a ver una película y esperé que Lorenzo extendiera su mano y tomara la mía, para probar que todavía había magia entre nosotros. Pero no lo hizo y, a medida que avanzaba la película, yo me sentía más herida y enojada. Él no le dio importancia, y le sorprendió que me enojara por algo tan insignificante...".

Ella sigue explicando que "con el tiempo, el muro

2. Michelle Weiner-Davis, *Divorce Busting* (Nueva York: Simon & Schuster, 1992), p. 27.

creció, edificado con ladrillos de ira enconada, necesidades insatisfechas, silencios e indiferencia. Los libros que leímos sobre matrimonios empeoraron todo; la consejería creaba más confusión".

Llegaron al punto en el que ella empezó a contemplar el divorcio como la única respuesta, hasta que (sabiamente) se dio cuenta de que era probable que terminara casándose con alguien muy parecido a Lorenzo. "Y si eso sucediera, mis problemas se multiplicarían con sus hijos, los míos, la manutención de ambos, las peleas por la custodia... Dios me mostró que si bien podía escapar a mi dolor presente, a la larga el divorcio se cobraría un precio muy alto. Un precio que yo no estaba dispuesta a pagar".[3]

Hacer el esfuerzo de sanar un matrimonio exige reconocer profundamente que no deseas vivir sin la persona con la que una vez tuviste una unión dichosa.

Julia sabía que, aunque no podía cambiar a su esposo, ella sí podía cambiar. Y eso fue lo que se propuso: ser más amorosa y paciente, y menos crítica y exigente. Tomó mucho tiempo, pero el resultado fue la recompensa de una relación fuerte y profunda, "fruto del sufrimiento y la obediencia".

3. Judy Bodmer, "My Loveless Marriage", *Today's Christian Woman*, http://www.todayschristianwoman.com/articles/2006/january/14.46.html.

Emprender la labor ardua y constante que requiere sanar un matrimonio no es fácil. Puede tardar. Gary Smalley ha dicho que cuanto más profunda es la herida, más tiempo tarda en sanar.[4] Exige honestidad, valentía, estar dispuesto a arrepentirse y a reconocer profundamente que no se desea vivir sin la persona con la que una vez se tuvo una unión dichosa.

Al mismo tiempo, hay iniciativas constructivas y conductas positivas que una pareja puede cultivar para empezar el proceso de reconciliación. En particular, cuando una pareja está separada, puede caer en las mismas conversaciones destructivas cada vez que se encuentran. Sin embargo, cuando una pareja decide trabajar para restaurar su matrimonio, ya están listos para resolver los conflictos que los separaron. Entonces pueden atacar el problema, no al otro. Permíteme ofrecerte algunas pautas para eliminar algunos "ladrillos", de tal modo que puedas iniciar la ardua tarea de la reconciliación.

"¿Cómo pudiste hacerme esto?"

Santiago y Juanita llevan tres meses separados. Él viene una vez por semana a visitar a Manuela, su hija de cinco años. A veces la invita a comer y, en ocasiones, Juanita lo invita a comer con ellas. La mayoría de las veces, Santiago rechaza la invitación, pero ha aceptado un par de veces. Juanita se esfuerza por ser positiva, pero no puede evitar acusar a Santiago de salir con otra mujer y, a partir de ese punto, se deteriora la conversación.

Entonces Juanita empieza a repetir las frases de siempre:

---

4. Gary Smalley, *Winning Your Wife Back Before It's Too Late* (Nashville: Thomas Nelson, 2004), p. 27.

"¿Cómo pudiste hacerme esto? ¿Cómo crees que me hace sentir? ¿Cómo piensas que se siente Manuela? ¿Acaso crees que ella no se da cuenta de lo que pasa? Aunque es pequeña, ella sabe lo que haces".

Cuando eso sucede, Santiago se debate entre atacar o abandonar. Si decide atacar, puede hablar tanto como Juanita y, a veces, deja a su esposa sollozando. Juanita lo toma como un rechazo más y su hostilidad aumenta. Es obvio que el camino de la separación no los está llevando a la reconciliación. Si persisten en esa conducta, terminarán divorciados.

Sin darse cuenta, Juanita está logrando exactamente lo contrario a lo que quiere. Se ha vuelto esclava de sus emociones hostiles y actitudes negativas. Ha convertido el tiempo juntos algo extremadamente desagradable. ¿Qué hombre en su sano juicio desearía volver con una mujer que se comporta de esa manera? No digo que él no pueda regresar, porque lo puede hacer sin importar la conducta de su esposa. (Ya hablaremos de Santiago). Sin embargo, Juanita no está trabajando en pos de la restauración, sino que se encamina a una separación mayor.

La primera pauta es: cuida tus actitudes y acciones; *procura que sean siempre positivas.* No podemos determinar nuestras emociones, pero sí podemos elegir nuestras actitudes y acciones.

Por otro lado, reconoce las emociones negativas, pero no vivas en función de ellas. Una mejor manera de proceder para Juanita sería: "Santiago, tú dices que no sales con otra persona, pero no sé qué pensar. Quiero creerte, pero debido a lo que ha pasado antes es realmente difícil. Sé que mientras tengas una aventura nunca podremos volver a estar juntos. Tendrás que tomar una decisión. Entretanto, no quiero que mi enojo me controle y no quiero atacarte durante nuestro tiempo juntos, y mucho menos frente a nuestra hija".

Así, Juanita queda libre emocionalmente para convertirse en una influencia positiva para Santiago. Ella ha reconocido sus sentimientos, pero no está controlada por ellos.

¿Y qué podemos decir de Santiago? ¿Qué siente y qué piensa? Puede que se sienta poco amado y abrigue sentimientos de enojo y hostilidad contra Juanita por lo que ella ha hecho antes. Él también necesita reconocer esos sentimientos. Su comportamiento puede derivarse de una actitud que dice "voy a pagarle con la misma moneda". Tal vez este sea su argumento: "Ella no satisfizo mis necesidades afectivas, de modo que me vi obligado a buscar en otra parte". De este modo, él culpa a su esposa por su propia conducta.

¿Qué hará Santiago si decide trabajar en pos de la reconciliación? Podría empezar por identificar y reconocer sus propias emociones. Podría decirle a Juanita: "He sentido durante mucho tiempo que realmente no me amas. He intentado una y otra vez acercarme a ti, pero lo único que recibía de ti era frialdad. Por eso me siento enojado e indiferente contigo, pero espero que estos sentimientos puedan cambiar".

Después de esto, él debe ser honesto en cuanto a la naturaleza de su relación con otras mujeres. Si tiene sentimientos hacia otra persona, estos deben discutirse. La reconciliación siempre debe empezar donde nos encontremos. Es posible reconocer la existencia de sentimientos románticos sin someterse a ellos. Una reconciliación exige el rompimiento de cualquier relación romántica que pueda existir fuera del matrimonio. Santiago podría decirle a Juanita: "Sí, estoy saliendo con alguien. Me siento solo. Esta persona me hace sentir mejor. Pero lo voy a terminar, si estás dispuesta a ayudarme a restaurar nuestro matrimonio".

Por otro lado, si las relaciones de Santiago con otras mujeres no son más que amistades sin sentimientos ni conductas románticas, él debe comunicar eso claramente. Podría decir: "Juanita, puedo entender que te parece difícil creer que no hay otra persona. Haré todo lo posible para mostrarte que no hay otra. Sé que algún día volverás a creerme". Con ese tipo de actitudes y acciones, Santiago demuestra la seriedad de sus esfuerzos por lograr una reconciliación.

"El tercero" en la relación

¿Recuerdas a Alicia y a Pablo al principio de este libro? Alicia descubrió que, después de tres años de matrimonio, Pablo estaba saliendo con otra mujer a quien había conocido en una conferencia en la ciudad. Tan pronto como ella lo descubrió, el matrimonio se acabó en su mente. Ella le exigió a Pablo que se fuera, y él lo hizo.

Muchas separaciones han sido precipitadas porque hubo un tercero en la relación. Durante varias semanas, la relación matrimonial no ha sido saludable. No ha habido calidez, comprensión, ni intimidad. Recuerda que Alicia se había sentido distanciada de Pablo por un tiempo. Tarde o temprano, un cónyuge conoce a otra persona y se enamora o por lo menos siente una fuerte atracción física o emocional que culmina en una aventura, que puede ser de tipo sexual o emocional. En cierto punto, el individuo decide separarse, quizás con la idea de que más adelante esa nueva aventura termine en matrimonio.

Es posible que el esposo o la esposa no haya descubierto la otra relación. En algunos casos, el cónyuge habla abiertamente de la otra persona y, en otros, el cónyuge mantiene celosamente el secreto. En cualquier caso, esa actividad es contraproducente para la relación. Esta es la segunda pauta: evita o abandona cualquier aventura amorosa. Una aventura amorosa nunca debería ser una opción.

No te gusta la idea del divorcio, pero una aventura puede parecer mucho más satisfactoria que tu matrimonio.

No me malinterpretes. Entiendo profundamente el dilema que representa una aventura amorosa. No te gusta la idea del divorcio, pero una aventura puede parecer mucho más satisfactoria que tu matrimonio. En cuestión se semanas o meses, quizá hayas llegado a amar a esta persona más de lo que amas a tu cónyuge. Puedes comunicarte con gran libertad y comprensión. Parece que fueran el uno para el otro. ¿Cómo podría ser malo cuando parece tan bueno? Te justificas pensando que Dios te perdonará y con el tiempo todo saldrá bien.

Es cierto que Dios está dispuesto a perdonarnos si estamos dispuestos a confesar y arrepentirnos de nuestros pecados. Sin embargo, arrepentirse significa apartarse del pecado. Dios no nos perdonará mientras sigamos pecando. El perdón tampoco elimina las consecuencias del pecado. Un incidente en la vida de David constituye un buen ejemplo (2 S. 11:1—12:31). Una mañana, mientras hacía sus ejercicios, él vio a Betsabé mientras ella se bañaba en una azotea. A él le gustó lo que vieron sus ojos, así que se dispuso a mirar más de cerca. La mandó traer al palacio y, al final, tuvo relaciones sexuales con ella. Después de enviarla de regreso a su casa, él reanudó sus actividades.

Sin embargo, surgió un pequeño problema. Betsabé le comunicó que estaba embarazada. Su esposo Urías había estado en la guerra durante varios meses, de modo que David lo envió de vuelta a su casa para descansar, con la esperanza de que él tuviera relaciones con su esposa y llegara a pensar que el bebé era suyo. (Tan pronto hemos pecado empezamos a tratar de encubrirlo). El plan de David no funcionó, porque Urías era más leal al ejército de lo que David se había imaginado. Rehusó ir a casa para estar con su esposa mientras sus compañeros seguían en la batalla. Entonces David lo hizo embriagar, pero la lealtad de Urías fue más fuerte que los efectos del vino. Por eso David pasó a ejecutar su plan B.

David ordenó que pusieran a Urías en el frente de batalla, lo cual aseguró su muerte. David quedó libre para casarse con Betsabé, y no tardó en hacerlo. Entonces todo se arregló, y ellos vivieron felices para siempre. ¿Así fue? ¡No! Lee el Salmo 51 si quieres conocer la confesión de un corazón quebrantado, escrita por un rey David descorazonado.

Nunca quedamos mejor después de pecar. La confesión y el perdón nunca eliminan los efectos negativos de nuestras acciones erróneas. Las cicatrices emocionales que producen la separación y el divorcio nunca desaparecen. El dolor no puede borrarse de las mentes de los niños. Nuestra sociedad entera está profundamente infectada por "la neurosis de lo desechable". Cuando algo ya no produce emoción, se desecha, se elimina. No importa que se trate de un auto o del cónyuge. Con razón nuestros hijos son tan inseguros. Con razón hay tan poca confianza en el matrimonio. Las promesas ya no tienen valor ni inspiran seguridad.

Entiendo la lucha y el sufrimiento que significan perder el afecto hacia la pareja y enamorarse de un tercero, pero no podemos ceder a los sentimientos. La vida entera está en juego. Hacer lo que las emociones dictan es el camino más seguro a la soledad y la ruina. Más de la mitad de aquellos que se casan con sus amantes tarde o temprano terminan divorciados.[5]

La mejor forma de proteger nuestros intereses es permanecer con nuestra pareja, resolver nuestros conflictos, aprender a amar, y redescubrir nuestros sueños.

¿Hay felicidad después de un divorcio?

He aquí la tercera pauta: el divorcio no conduce a la felicidad personal. La difunta Judith S. Wallerstein afirmó esta verdad. Wallerstein, una experta reconocida a nivel internacional sobre los efectos del divorcio, empezó su investigación con la idea de que mientras el divorcio puede causar dolor a corto plazo, conduce a una felicidad a largo plazo. Tras una investigación extensa con muchas familias, ella llegó a la conclusión de que estaba equivocada. El divorcio no conduce a una mayor felicidad ni satisfacción para la pareja o los hijos. De hecho, los efectos negativos del divorcio afectan a la pareja y a los hijos toda la vida. Los hallazgos aparecen en el estudio clásico *Second Chances: Men, Women, and Children a Decade After Divorce.*[6]

---

5. Michael J. McManus, *Marriage Savers* (Grand Rapids: Zondervan, 1993), 28.

6. Ver Judith Wallerstein y Sandra Blakeslee, *Second Chances: Men, Women, and Children a Decade After Divorce, Who Wins, Who Loses—and Why* (Nueva York: Ticknor & Fields, 1989).

No sugiero aquí que el camino a la reconciliación sea fácil, sino más bien que es lo correcto y que los resultados bien valen la pena el esfuerzo. La consejera y autora Michelle Weiner-Davis dice: "En el trascurso de los últimos años he perdido la cuenta de las muchas personas con las que he trabajado y que, a pesar de estar a punto de darse por vencidos, lograron dar un vuelco a sus vidas".[7]

Tú también puedes lograrlo.

Los sentimientos llevan al fracaso

Ahora bien, si estás violando la segunda pauta y estás enredado en una aventura amorosa, déjame sugerir que puedes romper la relación con dignidad, respeto y bondad hacia esa persona. Romper la relación disminuye la probabilidad de que haya un divorcio y la reconciliación se convierte en una clara posibilidad. ¿Cómo terminar una aventura amorosa? En primer lugar, indícale a la otra persona tu preocupación por ella. Debes confesar tu error de haber violado tu compromiso matrimonial. Declara con firmeza tu decisión de trabajar en pos de la reconciliación con tu pareja. Puedes expresar de nuevo tus sentimientos hacia él o ella, pero afirma tu determinación de hacer lo correcto y no lo que te hace sentir bien. Recuerda que el camino más seguro al fracaso en la vida es seguir tus sentimientos. Tu mayor felicidad radica en hacer lo correcto, no en ir en pos de tus emociones.

¿Qué hacer si eres tú el cónyuge traicionado? Tu pareja tiene una aventura amorosa y se ha separado de ti. O quizá sospechas que él o ella tiene una aventura y contempla la

7. Michelle Weiner-Davis, p. 21.

posibilidad de separarse. En primer lugar, entiende que la tercera persona no constituye una razón suficiente para una separación. De hecho, la cuarta pauta establece que la dificultad en el matrimonio es ocasionada por la pareja, no por alguien de fuera. Cada cónyuge debe trabajar en función de la reconciliación. Casi siempre, algún defecto en el matrimonio se ha desarrollado durante un período de tiempo mucho antes de que ocurra la aventura amorosa. Tus defectos y los de tu cónyuge fueron los causantes de esta crisis matrimonial. El conflicto no resuelto, las necesidades no satisfechas y el egoísmo pertinaz erosionan una relación en el transcurso de semanas y meses.

¿Cómo vas a reaccionar ante la aventura extramarital de tu cónyuge? Con desagrado, por supuesto. Pero ¿cómo vas a expresarlo? ¿Con estallidos iracundos de odio y condenación? ¿Con depresión, aislamiento y amenazas de suicidio? ¿Abandonando el hogar y buscando tu propio amante? Estás decepcionado, frustrado, y profundamente herido, pero ¿qué llevará a la reconciliación? Ninguna de las anteriores. Sí, necesitas expresar tus sentimientos, pero no te vuelvas esclavo de ellos. Expresa a tu pareja cuán herido estás, reconoce tus faltas pasadas y pide la reconciliación.

Puede ser que tu cónyuge no responda de inmediato o que la respuesta inicial sea hostil, pero ya has dado el primer paso. En segundo lugar, no permitas que la aventura extramarital se convierta en el asunto central y resiste la tentación de hablar acerca de esto cada vez que se reúnen. Concéntrate en restaurar tu propia relación.

Es posible que tu cónyuge no rompa el amorío de inmediato, pero cuanto más puedas hacer para resolver conflictos y comunicar esperanza, más deseable se vuelve la reconciliación. Cuando te lanzas a agredir al otro verbalmente, o caes en una actitud de autoconmiseración, no haces la reconciliación muy deseable.

Expresa esperanza y confianza en que los dos pueden hallar respuestas a sus fracasos del pasado. Tu esperanza ayudará a encender la chispa de la esperanza en tu cónyuge. Obviamente, no pueden reconciliarse hasta que tu cónyuge haya puesto fin a la aventura amorosa, pero no impongas límites de tiempo ni exijas una acción específica en particular. (Por supuesto, si tu separación también incluyó maltrato físico o alguna conducta destructiva, es preciso ser claro en lo que esperas de tu cónyuge para que haya alguna esperanza de reconciliación. Hablaremos al respecto en el capítulo 7). Da tiempo a tu cónyuge para pensar, orar y tomar su propia decisión. La reconciliación no puede imponerse a la fuerza; solo puedes demostrar que las posibilidades son alentadoras.

Es importante notar que a veces un individuo tiene problemas emocionales o asuntos pasados que lo hacen propenso al adulterio. Las adicciones, la depresión y la enfermedad bipolar pueden ser factores. Por ejemplo, Pablo, el esposo de Alicia, luchaba con algunos problemas muy arraigados y crónicos. Un terapeuta puede ayudarte a enfrentar esas dificultades.

Citas románticas durante la separación

Si te has separado de tu cónyuge, tal vez te preguntes: ¿Debería tener citas románticas mientras estoy separado? ¿Cuántas veces he oído esta pregunta? Y ¿cuántas veces he tenido que dar una tajante respuesta? "Si no eres libre para casarte, tampoco eres libre para tener citas románticas". La quinta pauta del camino a la reconciliación es: No tengas citas románticas durante el tiempo de separación.

"¡Si no eres libre para casarte, tampoco eres libre para tener citas románticas!". Vi esta afirmación por primera vez en el libro de Britton Wood, *Single Adults Want to Be the Church, Too.*[8] Tras varios años de aconsejar a los separados estoy más convencido que nunca de que Wood tiene razón. Cuando empiezas a tener citas románticas estando separado, dificultas más el proceso de reconciliación. Cuantas más citas románticas tienes, más se enturbia el proceso.

Sé que tienes necesidades y que te sientes solo. A veces la carga parece insoportable. Sé que tener citas amorosas estando separado es algo que se acepta e incluso alienta en nuestra sociedad, pero la mayoría de los que tienen citas nunca logran reconciliarse. Terminarán divorciados. Las citas románticas son un preludio para volver a casarse, no una terapia para la reconciliación.

Es innegable que necesitas amistades. Necesitas oídos dispuestos a escucharte. Necesitas personas que se interesen y ayuden a sobrellevar las cargas, pero el contexto de las citas románticas no es el mejor lugar para hallar esa clase de ayuda. Hablaré más acerca de dónde hallar ese tipo de ayuda en el capítulo 7.

Durante estos días se separación, estás en una situación extremadamente vulnerable. Por desdicha, hay personas del sexo opuesto que desearían aprovecharse de esto. Aunque pretendan interesarse por ti, en realidad se ocupan de satisfacer

8. Britton Wood, *Single Adults Want to Be the Church, Too* (Nashville: Broadman, 1977), p. 82.

sus propios deseos. He visto a muchos hombres y mujeres descorazonados por esa clase de experiencias. Tus propias emociones son erráticas y te resulta fácil encapricharte con alguien que te trata con dignidad, respeto, y cariño.

¿Has notado la cantidad de personas que se casan el día después de divorciarse? Es obvio que tuvieron citas románticas durante la separación. Si el período de separación es un tiempo para buscar la reconciliación, ¿por qué gastar la energía en algo que conduce al divorcio y a un nuevo matrimonio? La separación no equivale a divorcio. Siguen estando casados aunque estén separados, y deben vivir como tales, sea que el cónyuge cumpla o no con su parte.

Sé que esto es difícil de aceptar, pero creo que debe evitarse la tendencia actual de tener citas románticas (que incluye citas por la Internet) inmediatamente después de la separación. Esta iniciativa alienta y favorece la tasa de divorcio. Si crees en el poder del libre albedrío, debes admitir que tu cónyuge alejado podría volver y buscar reconciliación. Te conviene estar preparado para cuando llegue ese día, si viene. Tener citas con otro no es la forma de estar preparado. Entabla amistades sanas, pero rechaza cualquier relación romántica hasta que se haya definido la suerte de tu matrimonio.

Si no estás separado físicamente pero tu matrimonio está en crisis y te preguntas qué hacer, también puedes ser susceptible. Las mujeres, en particular, pueden sentirse atraídas hacia un colega de trabajo, el esposo de una amiga o un miembro de un grupo pequeño que las "comprende" como su cónyuge no lo hace. Una mujer a la que conozco afirmó: "Nada incita más a una mujer como el sentimiento de que otro hombre *la comprende*; y cuando parece que el otro logra tratarla como su viejo esposo es incapaz de hacerlo, hay que tener cuidado".

Repito que entiendo tu deseo de recibir cariño y compañía, pero ten cuidado del riesgo que corres.

¿Qué decir de los acuerdos legales?

"¿Debemos firmar documentos de separación legal o eso precipitaría un divorcio?". Muchas personas creen que si firman documentos para la separación legal, de algún modo esto significa que el divorcio es inevitable. Pero no siempre es así. Muchas parejas han experimentado el gozo de quemar los documentos de separación para celebrar su reconciliación.

Los documentos de separación, en los lugares donde estos existen, son simplemente acuerdos entre las partes que regulan ciertos aspectos de la relación durante la separación. Las dos áreas principales de preocupación son las finanzas y los hijos. Las preguntas básicas son: ¿cómo vamos a manejar las finanzas mientras estamos separados? y ¿qué relación mantendrá cada uno con los hijos?

> El amor no debe dar licencia a un cónyuge irresponsable.

La pauta final es: procedan con cautela a la elaboración de los documentos de separación legal. Si una pareja puede dar pasos hacia la reconciliación durante las primeras semanas de separación, los documentos son innecesarios. Esto es lo ideal. ¿Para qué incurrir en el gasto de esa clase de diligencia legal si van a terminar juntos y resolver sus problemas? No obstante, mientras estén separados físicamente necesitan llegar a un acuerdo mutuo sobre el manejo de las finanzas, y discutir la relación que tendrán con los hijos si son padres. Si no pueden llegar a un acuerdo al respecto, esto puede indicar que uno o ambos miembros de la pareja no trabaja seriamente en pos de la reconciliación.

Si después de varias semanas una pareja no avanza hacia la reconciliación, se hacen necesarios los documentos legales de separación. Esto es cierto particularmente cuando la pareja ha sido incapaz de llegar a un acuerdo financiero equitativo y cuando los hijos sufren descuido o maltrato. En tales casos, puede ser necesaria la presión legal para obligar a una de las partes a asumir su responsabilidad.

Reitero que los documentos de separación no suponen necesariamente un divorcio, aunque en algunos lugares se requieren antes de poder obtener un divorcio. Los documentos de separación no determinan un divorcio. Lo que ustedes hagan o digan durante el período de separación es el factor determinante. Esos documentos pueden destruirse en cualquier momento cuando ustedes dos se han reconciliado y viven juntos en lugar de separados.

La separación no es el momento para que uno de los cónyuges abandone al otro. Y el amor no debe dar licencia a un cónyuge irresponsable. Un individuo que no cumple sus responsabilidades necesita que alguien le pida cuentas. Esa puede haber sido precisamente una parte del problema del matrimonio. No debe permitirse que esto continúe durante la separación. En este punto de la crisis, la presión legal puede ser de ayuda. Los documentos legales no significan que ustedes no puedan reconciliarse. Si tu cónyuge insiste en firmar documentos legales, oponerse de poco servirá. Simplemente asegúrate de que puedes vivir con los acuerdos que estás firmando.

No subestimes los asuntos que hemos tratado en este capítulo. Si vas a trabajar en pos de la reconciliación, es esencial que optes por una actitud positiva, que renuncies a la posibilidad de tener una aventura extramarital, que te niegues a culpar a otros, que te abstengas de citas amorosas, y que tú y tu cónyuge se traten mutuamente con dignidad y respeto durante el tiempo de separación. Infringir estos principios disminuye la esperanza de reconciliación.

Los pasos de crecimiento que concluyen este capítulo pueden ayudarte a comprender mejor tu situación y a dar pasos constructivos hacia la reconciliación.

PASOS DE CRECIMIENTO

1. ¿Cuáles son algunas de las actitudes o acciones que debes cambiar para poder buscar la reconciliación? Haz una lista de cinco declaraciones que comiencen con las palabras: "Tendré que..."
2. ¿Estás dispuesto a hacer esos cambios? De ser así, ¿por qué no empezar hoy? No necesitas anunciarlo a tu cónyuge. Simplemente hazlo conforme se presente la oportunidad.

3

Si tú cambias, tu matrimonio cambia

Se ha dicho que los matrimonios infelices están compuestos por gente infeliz. Como lo aprendió Judy Bodmer, tal vez no puedas cambiar a tu cónyuge, pero tú *sí* puedes cambiar.

Como vimos en el capítulo 1, los matrimonios fracasan por tres razones principales: falta de una comunión íntima con Dios, falta de una comunión íntima con la pareja o falta de una comprensión y aceptación íntimas de sí mismos. En este capítulo vamos a explorar la última. Podría pensarse que debemos empezar por nuestra relación con Dios, pero el hecho es que la relación que tenemos con Dios se ve afectada en gran medida por la comprensión que tenemos de nosotros mismos. Este tiempo difícil puede servir como una oportunidad para redescubrir tus propias fortalezas y debilidades, y para dar pasos positivos en tu crecimiento personal. Incluso, si no te has separado pero luchas con un matrimonio en crisis, es posible, y necesario, hacer un examen interior y empezar a hacer cambios.

La mayoría de nosotros tiende ya sea a subestimar o a sobreestimar su valor personal. Nos percibimos o bien como fracasos inútiles, o como el regalo de Dios para el mundo. Ambos extremos son incorrectos. La verdad es que tus patrones de sentimientos, pensamientos y conducta, que conforman tu personalidad, tienen tanto fortalezas como debilidades.

"Me tomó muchos años aceptarme a mí mismo"

La persona que se siente inferior hace énfasis en sus puntos débiles. Si nos enfocamos en nuestros fracasos, vamos a vernos a nosotros mismos como fracasados. Si le prestamos atención a nuestras debilidades, llegamos a considerarnos débiles. A veces la inferioridad se deriva de una infancia en la que los padres u otras personas nos han comunicado, sin proponérselo, que somos tontos, estúpidos, feos, torpes o incapaces.

Un joven de trece años que sufría de úlceras estomacales me dijo una vez:

—Doctor Chapman, nunca hago nada bien.

—¿Por qué lo dices? —le pregunté.

—Bueno —respondió—. Cuando recibo una buena calificación mi padre siempre dice: "Debiste sacar la máxima calificación. Tú eres más inteligente, hijo". Cuando juego a béisbol, si anoto una carrera doble, mi padre dice: "Debiste aprovechar para sacar una triple. ¿Acaso no puedes correr?". Cuando corto el césped, me dice: "Te faltó debajo de los arbustos". ¡Nunca hago nada bien!

Ese padre no tenía idea de lo que le comunicaba a su hijo. Su objetivo era retarle a hacer su mejor esfuerzo, pero en realidad le estaba comunicando al hijo que era inferior.

Otra mujer admitió: "Durante mi niñez sentí que mi hermana era mejor que yo en muchas cosas que son importantes cuando uno es niño, como los deportes, ser sociable, gustarle a los chicos. Ella tenía el pelo liso cuando el pelo liso estaba de moda, en cambio yo no. Mis padres nunca me hicieron sentir inferior. Fue algo que me hice a mí misma. Me tomó muchos años aceptarme, y aún a veces regresan esos viejos sentimientos".

Por lo general, los sentimientos de inferioridad se alimentan de las comparaciones constantes con los demás. La persona que se siente inferior siempre se comparará con los que son "mejores". Por supuesto, cualquier persona puede encontrar a alguien que es más apuesto, más atractivo, más atlético o más inteligente que uno, pero ¿qué de las miles de personas que se clasifican *por debajo de* ti en esas áreas? La persona que se siente inferior nunca elige compararse con ellos.

Esto me recuerda el informe de los espías que se relata en Números 13. Moisés envió a doce espías a la tierra de Canaán. El informe de la mayoría (diez de doce) fue: "Todo el pueblo que vimos en medio de ella son hombres de grande estatura. También vimos allí gigantes… y éramos nosotros, a nuestro parecer, como langostas; y así les parecíamos a ellos" (vv. 32-33).

Esa "mentalidad de langosta" es característica de quienes se sienten inferiores. Cientos de mujeres han dicho: "Me siento fea, y sé que otros piensan lo mismo". Cierta dama se sentía tan fea que se negaba a salir de compras porque no quería ser vista en público. Pero ninguna de esas mujeres era fea. Simplemente, llegaron a la conclusión de que otros las percibían de la misma manera que ellas se percibían a sí mismas.

Uno de los primeros pasos para cambiar tu manera de pensar es aceptar que Dios no se ha dado por vencido contigo.

Hay tres perspectivas del concepto de uno mismo: 1) cómo me veo a mí mismo, 2) cómo me ven los demás, y 3) cómo creo que los demás me ven. La primera y la tercera suelen ser idénticas, pero la segunda casi siempre es diferente. Las personas simplemente no nos ven como nos vemos a nosotros mismos. La persona con sentimientos de inferioridad puede tener la certeza de que el 99 por ciento de las personas que la conocen la perciben como más inteligente, más atractiva y de mayor valor de lo que ella se ve a sí misma. ¿Por qué vivir bajo la ilusión de que la gente piensa que eres tonto, feo e inservible cuando el hecho es que la gente no te ve de esa manera?

"Pero Dr. Chapman —alguien me dice—, usted no entiende. La gente realmente piensa que soy tonto". A continuación, la persona enumera todas las cosas que han sucedido desde que tenía tres años que demuestran que la gente la considera estúpida. Podría llamar a muchas personas que pueden dar fe de la inteligencia del aconsejado, pero eso no lo impresionaría. No va a cambiar de opinión. Cree que es estúpido y nadie va a convencerlo de lo contrario.

Todos somos diferentes, por lo tanto hay personas con mayores capacidades que tú en algunas áreas. Eres sobresaliente en algunas áreas, mientras que en otras tienes muy poca o ninguna destreza. Eso es cierto para todos nosotros. ¿Por qué exaltar entonces tus debilidades?

La verdad acerca de ti

Alguien que lucha con baja autoestima bien puede culparse a sí mismo del fracaso del matrimonio. Así que le ruega a su cónyuge una oportunidad para empezar de nuevo. Frente al rechazo de esta oferta, puede caer en profunda depresión y abrigar pensamientos de suicidio. Esas personas permiten que la parte más frágil de su personalidad (sus sentimientos de inferioridad) controlen su comportamiento.

¿Cuál es la respuesta para esa espiral descendente? Una de las palabras más poderosas en la Biblia es la exhortación del Salmo 15:2 que nos anima a hablar verdad en nuestro corazón. Debemos decirnos la verdad a nosotros mismos. Jesús dijo que la verdad nos hace libres (Jn. 8:31-32).

Te presento aquí varias verdades acerca de ti mismo: tú fuiste creado a imagen de Dios, tienes un gran valor, tienes muchas habilidades, tienes una gran cantidad de cualidades que otros admiran. Ciertamente has experimentado el fracaso. ¿Quién no ha fracasado en algo? Pero nada de eso significa que tú seas un fracasado. Lo serás solamente si eliges fracasar. Por otra parte, si decides triunfar, nada, ni siquiera tu sentimiento de inferioridad, puede impedirte alcanzar la meta.

Uno de los primeros pasos para cambiar tu manera de pensar es aceptar que Dios no se ha dado por vencido contigo. El apóstol Pablo escribió: "Estando persuadido de esto, que el que comenzó en vosotros la buena obra, la perfeccionará hasta el día de Jesucristo" (Fil. 1:6). A pesar de todo lo que ha ocurrido, a pesar de todos tus fracasos, Dios aún tiene el propósito de llevarte a la plenitud. Él tiene propósitos firmes y positivos para tu vida. Debes decirte la verdad y comportarte de manera consecuente.

"Es su culpa"

El tipo opuesto de personalidad es el individuo que se siente "superior" a todos. En nada se equivoca. Nada de lo que hace está mal. Es incapaz de cometer errores. "Si hay un problema en nuestro matrimonio —me dice él—, es obviamente un problema de mi esposa". Al ser confrontado con su propio fracaso, el individuo con esta personalidad narcisista admitirá únicamente en un sentido filosófico que no es perfecto, pero insistirá en que el problema real está en su cónyuge.

Este patrón de pensamiento, sentimiento y conducta empieza también en la niñez. Es el caso del "niño mimado". En su niñez se le exigieron muy pocas responsabilidades. El niño creció sintiendo que el mundo le debía su sustento. Se volvió exigente e impaciente con las imperfecciones de otros. A menudo, deja a su paso una senda de relaciones rotas porque se ha aprovechado de la gente. Es muy dominante y caprichoso. Cuando experimenta resistencia de parte de su cónyuge, trata de forzar al otro a doblegar. Cuando el cónyuge no se somete, la persona que se siente superior puede optar por separarse, echándole la culpa a su pareja.

¿Cuál es la verdad que hará libre a la persona con sentimientos de superioridad? Aceptar que todos somos iguales al pie de la cruz. Todos tenemos la misma necesidad de perdón. Cuando en ciertas ocasiones nos sentimos superiores, nos hace falta reconocer que hemos fallado tanto como los demás.

Quizá no has estado dispuesto a admitir tus fracasos,

mientras proclamas en voz alta las defectos de los demás. Por supuesto que eres importante, pero no más que otras personas, incluso tu pareja. Eres inteligente, pero la inteligencia es un don de Dios por el cual debes estar agradecido. Has logrado alcanzar muchas de tus metas. ¡Grandioso! Ahora aprende a compartir con otros el secreto de tu éxito y a experimentar el significado de las palabras de Jesús: "Más bienaventurado es dar que recibir" (Hch. 20:35).

En el sendero de la autojustificación estarás más y más solo.

¿Te han llevado tus sentimientos a la conclusión de que eres superior? Entonces ha llegado el momento de confesar y arrepentirse. Baja de tu pedestal y disfruta la vida con el resto de tus hermanos y hermanas. No tienes que reclamar un título de perfección para ser considerado importante. La gente no te tendrá en menor estima si admites tu debilidad. De hecho, tu espíritu de superioridad es lo que te ha alejado de otros en el pasado.

Cuando un matrimonio se desmorona, y especialmente tras la separación, la personalidad típica del narcisista lo llevará a culpar a su cónyuge por la desintegración. Incluso si el narcisista es el que abandonó el hogar o se enredó en una aventura, casi siempre le echará la culpa al cónyuge por haber incurrido en tales acciones. Si además el cónyuge sufre de sentimientos de inferioridad, tal vez acepte la culpa y sufra en consecuencia.

Las personas con sentimientos de superioridad no dudan en justificar su conducta pecaminosa. Saben lo que dice la Biblia, pero… te pueden dar docenas de razones por las cuales es permisible en su caso. El primer paso para superar la personalidad que se cree "superior" es aceptar que eres humano. Nadie es perfecto. Identifica tus defectos y reconócelos delante de Dios y de tu pareja. Trata de ser lo más específico posible. En el sendero a la confesión encontrarás muchos amigos. En el sendero de la autojustificación estarás más y más solo.

¿Pueden cambiar las personas?

Tan solo hemos examinado un solo aspecto de la personalidad: el de las actitudes inferiores o superiores hacia uno mismo. Sin embargo, la personalidad abarca todo el espectro de la experiencia humana. Cuando uso la palabra *personalidad*, me refiero a tu patrón único de pensar, sentir y comportarte. Ninguna personalidad es igual a otra, aunque se pueden clasificar a las personas en grupos generales según ciertos aspectos de su personalidad. La mayoría de los rasgos se expresan con palabras contrastantes. Nos referimos a que un individuo es optimista o pesimista, negativo o positivo, crítico o halagador, extrovertido o introvertido, hablador o callado, paciente o impaciente.

Nuestras personalidades afectan en gran manera nuestra forma de vivir. La tragedia de nuestro tiempo es que hemos llegado a creer que nuestra personalidad queda determinada y fijada desde la niñez, alrededor de los cinco o seis años, y que nuestro destino está predeterminado. Muchos se sienten atrapados. Se enfocan en los pensamientos, sentimientos y comportamientos que les han causado problemas en el pasado y concluyen que nada puede hacerse para cambiar esos patrones. Sin embargo, nada podría estar más lejos de la verdad.

Es cierto que, en los adultos, esas tendencias pueden persistir. Es decir, sí somos influenciados por ciertos patrones de personalidad. Sin embargo, nuestra vida no tiene que ser gobernada por ellos. Las nociones mismas de educación, conversión espiritual y crecimiento cristiano se oponen por completo al determinismo: la idea de que nuestra calidad de vida está determinada por los patrones que se han establecido en la niñez. El mensaje de la Biblia es que nosotros somos responsables por la calidad de vida que vivimos. Nuestra respuesta a Dios, nuestras decisiones conscientes, y las actitudes que elegimos son lo que determinan esa calidad. No debemos considerarnos esclavos de nuestra personalidad. Debemos entender nuestros patrones de personalidad, usar provechosamente nuestras fortalezas, y procurar crecer en las áreas de debilidad. Debemos cultivar y sobresalir en nuestras fortalezas y crecer en nuestras áreas débiles.

¿Qué sabes acerca de ti mismo? ¿Qué clase de persona has sido a lo largo de los años? ¿Has mantenido un espíritu negativo o positivo ante la vida? Una esposa dijo: "Mi esposo es tan negativo que cuando se levanta por la mañana dice una de dos: 'Oh no, dormí más de la cuenta' o 'oh no, me levanté más temprano'". Para ese esposo, todos los días empezaban mal. Con esa actitud, no hay manera de salir ganando. Tal vez te parezca tonto leerlo, pero miles de personas optan por vivir la vida con esa clase de actitud. Algo siempre anda mal con todo. ¿Podría ser esa tu actitud? ¿Crees que tal actitud contribuyó al deterioro de tu matrimonio? ¿Puedes imaginar el desgaste emocional que supone para tu cónyuge cada vez que escucha tu fatal pronóstico diario?

¿Acostumbras criticar o halagar a los demás? ¿Qué tal eres contigo mismo? Examina el día que acaba de terminar. ¿Te diste algún cumplido? ¿Has felicitado a otra persona? Por otro lado, ¿has hecho alguna crítica de alguien? ¿de ti mismo? ¿Ha sido este un patrón de vida para ti? ¿Cómo ha afectado esto tu matrimonio?

¿Cuáles han sido tus patrones de comunicación? ¿Tiendes a reprimir lo que sientes en tu interior o lo expresas tan pronto lo sientes? Una esposa me informó: "Mi esposo no compartía conmigo lo que pasaba en su vida. Básicamente, él vivía su vida y yo la mía. No me gustaba eso, pero no sabía qué hacer al respecto. Un día llegó a la casa y me dijo que se iba. No lo podía creer. No tenía ni idea de que la situación estaba tan mal".

Nuestra historia no debe ser cambiada sino aceptada.

¿Cómo se pudo llegar a una situación de tal magnitud? Uno o ambos cónyuges cedieron a una tendencia natural de guardarse todo, y lenta pero decididamente dejaron acabar su matrimonio. ¿Puede sanarse un matrimonio así? Sí, pero seguramente requerirá cirugía (la ayuda profesional de un consejero o pastor). Una vez que nuestros sentimientos hayan sido expresados podemos buscar soluciones. Nadie, ni siquiera tu cónyuge, puede proponer una solución a menos que sea consciente del problema.

¿Mantienes tus sentimientos reprimidos en tu interior? Si es así, aprovecha este tiempo para aprender a liberarlos. Busca un consejero o un amigo de confianza y pide su ayuda. Cuando aprendas a comunicarte de manera constructiva, podrás entonces comunicarte con tu cónyuge. La tendencia a guardar silencio no es del todo mala. Aun las Escrituras nos alientan a ser "lentos para hablar" (Stg. 1:19, NTV). Es cuando esa tendencia se lleva al extremo que causa problemas. A medida que descubras las debilidades propias de tu personalidad básica, es probable que veas cómo han afectado tu matrimonio. Esos patrones pueden cambiar en gran medida con la ayuda de Dios.

Acepta lo que no se puede cambiar

"¿Mudará el etíope su piel, y el leopardo sus manchas?" (Jer. 13:23). Jesús preguntó: "¿Y quién de vosotros podrá, por mucho que se afane, añadir a su estatura un codo?" (Mt. 6:27). Estas dos preguntas tienen respuestas obvias. Por supuesto que no. Hay cosas que no pueden ser cambiadas. Tu estatura, tu color de piel, tu estructura ósea y el color de ojos están bien definidos y determinados de manera permanente, a no ser que la ciencia moderna provea nuevos descubrimientos.

Quizás el factor más influyente que no se puede cambiar es tu historia. Por definición, no puede ser cambiada. Ya pasó. El pasado no puede volver a vivirse. Tus padres, para bien o para mal, vivos o muertos, conocidos o desconocidos, son tus padres. Esos hechos no se pueden cambiar. Tu niñez, haya sido dolorosa o dichosa, fue tu infancia y es historia.

Tu matrimonio o matrimonios encajan en la misma categoría. Es inútil razonar: "Nunca debimos habernos casado". Ese es un hecho que no se puede cambiar. Los sucesos que han ocurrido en tu matrimonio también son historia. No puedes deshacer ni uno solo de ellos. Ninguna palabra puede ser retractada. Ningún hecho puede deshacerse. Podemos pedir perdón por los errores, pero ni siquiera eso elimina todos los efectos de nuestro pecado.

No veas el resto de tu vida como una gran incógnita.

Nuestra historia no debe ser cambiada sino aceptada. Cuando Jesús tuvo su encuentro con la mujer en el pozo, Él no le pidió que borrara sus cinco matrimonios, ya que eso hubiera sido imposible. Él simplemente le ofreció agua que calmara la sed que a todas luces ella tenía (Jn. 4:5-29).

Es un desperdicio de tiempo y energía preguntarnos lo que pudo haber sido: "Si tan solo hubiera...". Debemos sencillamente admitir nuestros errores, y hacerlo también delante de Dios y de nuestro cónyuge. Acepta el perdón de Dios, perdónate a ti mismo, y confía en que tu cónyuge hará lo mismo. No puedes hacer nada más aparte de eso con el pasado. Debes concentrarte en el futuro, pues lo tienes en tus manos y lo puedes moldear.

¿Por qué no aprovechar esta crisis matrimonial para hacer un examen honesto de tu personalidad? Descubre tus patrones básicos de pensamiento, sentimiento y conducta. Determina a continuación cuáles son tus fortalezas y utilízalas para expandir tus horizontes. Al mismo tiempo, asume con una actitud realista tus debilidades. Determina qué cambios necesitas hacer y da pasos hacia el crecimiento. Admite aquellas cosas que no pueden ser cambiadas y acéptalas. Este podría ser un tiempo gratificante de autodescubrimiento y crecimiento personal.

Algo nuevo, algo bueno

Por supuesto, ahora mismo quizá no tengas la energía para hacer cambios profundos. Tal vez tengas niños a quiénes cuidar, trabajo por hacer, las exigencias normales de la vida, además del conflicto constante y la ansiedad propios de un matrimonio en crisis. Sin embargo, te animo a sacar tiempo para hacer algo por ti. Lee una novela o biografía. Pasa tiempo en la naturaleza que Dios creó. Haz ejercicio. Asiste a un concierto con un amigo. Toma una clase de cocina *gourmet*.

Sé que tal vez no sientas ganas de emprender ninguna de las actividades mencionadas. Quizá hayas perdido la motivación a causa de tu soledad y dolor. Sin embargo, quedarte sentado en casa rumiando tus problemas solo llevará a una depresión más profunda. Tan pronto tomes un paso para desarrollar una afición que solías tener, es posible que un rayo de sol atraviese la penumbra. Concéntrate primero en metas pequeñas y alcanzables. No veas el resto de tu vida como una gran incógnita. Haz planes para hoy. ¿Qué puedes hacer que sea constructivo? A medida que llenas tus días con actividades significativas, se alentará tu esperanza de un futuro promisorio.

Los medios sociales pueden ser útiles si buscas contenido cristiano positivo. Hay numerosos sitios de Internet que ofrecen ayuda para el análisis personal y las pautas bíblicas para el matrimonio. Por el contrario, ventilar tus luchas matrimoniales en Facebook puede atraer consejos imprudentes de "consejeros" no calificados.

Cuanto más logres entenderte a ti mismo, crecer en lo personal y aceptarte tal como eres, mayores serán las posibilidades de reconciliación con tu pareja.

PASOS DE CRECIMIENTO

1. Pide a un pastor o consejero que te administre el Análisis de temperamento de Taylor-Johnson o el Inventario de personalidad de Myers-Briggs, los cuales te pueden ayudar a identificar patrones de personalidad.
2. Intenta inscribirte en una clase sobre el desarrollo de la personalidad en tu iglesia o en una universidad local.
3. A fin de entender mejor tu personalidad, responde en una hoja las siguientes preguntas:

- ¿Qué me agrada de mí mismo?
- ¿Qué emociones he sentido hoy? Divide estos en dos columnas:
  Emociones negativas   Emociones positivas
- ¿Qué revelan mis emociones negativas acerca de mí mismo?
- ¿Qué revelan mis emociones positivas acerca de mí mismo?
- ¿Cuáles son mis necesidades emocionales hoy?
- ¿Cómo puedo satisfacer esas necesidades de una manera responsable y cristiana?
- ¿Qué me gustaría cambiar de mi personalidad (p. ej., en mi manera de pensar, de sentir y de comportarme)?

- ¿Qué paso daré hoy para efectuar tal cambio?
- ¿Qué me desagrada de mí mismo, pero no lo puedo cambiar?
- ¿Estoy dispuesto a aceptar esa característica y concentrarme en mis atributos?

  Sí No

4

Vuélvete a Dios

Nuestra relación con Dios puede ser el factor determinante en el futuro de nuestro matrimonio. Agustín dijo: "El hombre fue hecho por Dios, y no halla reposo hasta que encuentra a Dios". Si buscamos en un esposo o esposa nuestro valor como personas y nuestra felicidad personal, estamos buscando en el lugar equivocado. Muchos han esperado que un cónyuge provea aquello que solo Dios puede dar. La paz mental, la seguridad interior, la confianza en un buen porvenir y un sentido general de gozo frente a la vida no vienen de un matrimonio, sino de una relación personal con Dios.

¿Cuál ha sido tu relación con Dios durante este tiempo de crisis matrimonial o separación? Muchas personas están enojadas con Dios, enojadas porque Él ha permitido el dolor, la soledad y la frustración que son fruto de una relación matrimonial rota. Otros optan por un acercamiento renovado a Dios y una búsqueda profunda de su ayuda.

Lee el Salmo 77:1-15 que presento a continuación. Es la expresión personal de un individuo que atravesaba una gran crisis. Notarás que primero incluye una descripción del dolor que siente por estar alejado de Dios y de los demás. Sin embargo, en medio del dolor, el salmista se vuelve a Dios y rememora días más dichosos cuando experimentó la bendición y gozó de relaciones sanas con los demás.

> Con mi voz clamé a Dios,
> A Dios clamé, y él me escuchará.
> Al Señor busqué en el día de mi angustia;
> Alzaba a él mis manos de noche, sin descanso;
> Mi alma rehusaba consuelo.
> Me acordaba de Dios, y me conmovía;
> Me quejaba, y desmayaba mi espíritu.
> No me dejabas pegar los ojos;
> Estaba yo quebrantado, y no hablaba.
> Consideraba los días desde el principio,
> Los años de los siglos.
> Me acordaba de mis cánticos de noche;
> Meditaba en mi corazón,
> Y mi espíritu inquiría:
>
> ¿Desechará el Señor para siempre,
> Y no volverá más a sernos propicio?
> ¿Ha cesado para siempre su misericordia?
> ¿Se ha acabado perpetuamente su promesa?
> ¿Ha olvidado Dios el tener misericordia?
> ¿Ha encerrado con ira sus piedades?
> Dije: Enfermedad mía es esta;
> Traeré, pues, a la memoria los años de la diestra del Altísimo.
>
> Me acordaré de las obras de JAH;
> Sí, haré yo memoria de tus maravillas antiguas.

Meditaré en todas tus obras,
Y hablaré de tus hechos.
Oh Dios, santo es tu camino;
¿Qué dios es grande como nuestro Dios?
Tú eres el Dios que hace maravillas;
Hiciste notorio en los pueblos tu poder.
Con tu brazo redimiste a tu pueblo,
A los hijos de Jacob y de José.

El pasaje termina con una descripción de la condición presente del rey David: "Con tu brazo redimiste a tu pueblo". La palabra *redimir* significa "comprar en rescate" o "restaurar". Este es el deseo de Dios siempre para su pueblo. Sin embargo, el proceso puede ser doloroso. David escribió: "En el mar fue tu camino, y tus sendas en las muchas aguas; y tus pisadas no fueron conocidas" (v. 19).

Como un adulto separado de tu cónyuge o luchando para salvar tu matrimonio, tal vez sientas precisamente que caminas en el mar y tu sendero atraviesa aguas caudalosas, y que no puedes ver las huellas de Dios. Pero yo te aseguro que a Dios le interesa profundamente tu situación actual. Las palabras de Jesús "Venid a mí todos los que estáis trabajados y cargados, y yo os haré descansar" (Mt. 11:28) son para ti tanto como lo fueron para aquellos a quienes las dirigió en persona.

Sí, estás exhausto de tanto estrés. Estás fatigado y cargado tal vez con culpa, enojo, hostilidad y ansiedad. Notarás que Jesús aquí no te pide que sueltes tu carga y acudas a Él, sino simplemente que vengas a Él. No te manda lidiar con tus problemas, ni te ha asegurado que los quitará, pero te ha prometido descanso.

Dios es tu amigo, si acaso no es también tu Padre. Las Escrituras enseñan que Él es Padre de todos lo que vienen a Él por medio de su Hijo Jesucristo. Él no es Padre de todos, sino solo de aquellos que reconocen a Jesucristo como Señor. No obstante, es amigo de todos. Es el deseo de Dios acompañarnos en nuestro recorrido por la vida, ayudarnos a encontrar significado y propósito en la existencia, darnos respuestas a los problemas que enfrentamos. En medio de nuestro dolor, a veces resulta difícil creer que Dios pueda hacer algo por nosotros. ¿Me permites sugerir algunas estrategias que pueden ayudarte en tu crecimiento personal durante estos días difíciles?

Nuestra confesión y el perdón de Dios

Si analizas tu matrimonio, tal vez puedas discernir cuál ha sido tu responsabilidad en el fracaso. Por otro lado, puede ser que veas con mayor claridad los defectos de tu cónyuge y has pasado muchas horas acusándole de tales defectos. Si las palabras de Jesús en Mateo 7 se aplicaran al matrimonio, dirían: "¿Por qué miras la paja que está en el ojo de tu cónyuge, y no echas de ver la viga que está en tu propio ojo? Saca primero la viga de tu propio ojo, y entonces verás bien para sacar la paja del ojo de tu cónyuge" (ver Mt. 7:3-5).

Nuestra tendencia natural es echar la culpa a nuestro cónyuge y argumentar en nuestro corazón que si el otro cambiara nuestro matrimonio sería restaurado. No obstante, Jesús dijo que debemos empezar por nuestros propios pecados. Sea grande o pequeño, es el único pecado que podemos confesar. Si confesamos nuestras propias faltas, estaremos en mejor capacidad para afrontar las faltas de nuestra pareja. Cuando le fallamos a nuestra pareja también le fallamos a Dios, ya que Jesús nos amonestó a amarnos los unos a los otros (Jn. 13:34). La única expresión verdadera de nuestro amor a Dios es expresar nuestro amor los unos por los otros. Si no nos amamos los unos a los otros hemos fallado en nuestro amor a Dios y, por ende, es preciso que confesemos a Dios las faltas como matrimonio.

El perdón es la promesa de Dios de que ya no nos recrimina por nuestro pecado.

Quizás el versículo más poderoso de la Biblia acerca de la salud mental se encuentra en Hechos 24:16: "Por esto procuro tener siempre una conciencia sin ofensa ante Dios y ante los hombres". Pablo hablaba conforme a su propia experiencia personal. El apóstol había aprendido que se requiere disciplina para afrontar los fracasos personales, pero que dicha disciplina era necesaria para experimentar libertad emocional y espiritual. Por eso Pablo dijo: "procuro siempre tener limpia mi conciencia delante de Dios y de los hombres" (DHH).

El proceso para limpiar nuestra conciencia es la confesión. El significado literal de la palabra *confesión* es "acuerdo". Quiere decir ponernos de acuerdo con Dios con respecto a nuestras faltas; dejamos de justificarnos y de excusar nuestra conducta, y reconocemos delante de Dios que hemos pecado. Las Escrituras enseñan a los creyentes que si confesamos nuestros pecados, Dios "es fiel y justo para perdonar nuestros pecados, y limpiarnos de toda maldad" (1 Jn. 1:9). Siempre que estamos dispuestos a reconocer nuestra falta, Dios está dispuesto a perdonar nuestro pecado. Sin embargo, si justificamos nuestro pecado, Dios no oirá nuestras oraciones (Sal. 66:18).

Así pues, el primer paso para desarrollar tu relación con Dios es confesar todo pecado conocido. Te sugiero que tomes lápiz y papel y le digas a Dios: "Señor, ¿en qué he fallado en mi matrimonio?". A medida que Dios revele a tu mente la verdad, escribe y enumera tus faltas. Al terminar, revisa la lista confesando cada pecado, dando gracias a Dios porque Cristo ha pagado por tu pecado, y aceptando su perdón por ese pecado. La experiencia del perdón nos libera de la culpa que pesa sobre nosotros.

Practicar la confesión y el perdón no necesariamente significa que desaparezcan de inmediato los sentimientos de remordimiento por nuestro pecado. El perdón es la promesa de Dios de que ya no nos recrimina por nuestro pecado. Puede que aún nos sintamos mal cuando pensamos en lo que hemos hecho o fallado o dejado de hacer, pero nuestros sentimientos nada tienen que ver con el perdón de Dios. No debemos permitir que esos sentimientos nos derroten. Cuando los sentimientos de culpa vuelven después de la confesión, simplemente podemos decir: "Gracias, Padre, porque esos pecados son perdonados y ya no me haces culpable de ellos. Ayúdame a perdonarme a mí mismo". Perdonarte a ti mismo también es una promesa: te prometes dejar de castigarte por tus errores pasados. Esa clase de castigo no produce nada positivo, sino que te impide sacar el máximo provecho de tu futuro.

Cuando confesamos nuestro pecado a Dios, es como cuando regresamos a casa después de un largo viaje y nuestro padre nos recibe con los brazos abiertos, perdona nuestro pecado, sacrifica el mejor ternero, y hace un banquete para celebrar nuestro regreso (Lc. 15:21-24). Volver a Dios puede ser el suceso más significativo que ocurra durante tu separación, ya que eso supone volver a Aquel que te creó y que sabe cómo guiarte hacia una vida fructífera.

"Este es tu día en mi vida"

Tu relación con Dios solo crecerá si aprendes a comunicarte con Él. Recuerda que la comunicación es un proceso de doble vía; no solo le hablamos a Dios sino que Él nos habla a nosotros. Muchos conocen la oración en términos de hablarle a Dios, pero muy pocos oyen la voz de Dios. No quiero dar a entender que Dios nos hable en una voz audible pero, a lo largo de la Biblia, Dios habla de una manera muy personal a quienes están dispuestos a dedicar tiempo a escuchar.

Algunos piensan que leer la Biblia y orar no son más que actividades "religiosas", pero son medios reales cuya función es ayudarnos a establecer una comunión íntima con Dios. Cuando leemos la Biblia, Dios nos habla acerca de Él mismo y de nuestras vidas. La Biblia es más relevante que cualquier libro que puedas leer sobre las relaciones humanas, pues es el mismo Dios Creador quien habla a sus criaturas. Te presento aquí algunas ideas prácticas para implementar en tu comunicación con Dios. Puesto que la Biblia es la Palabra de Dios para nosotros, debemos leerla con oídos atentos, dispuestos a escuchar su voz. Cuando leemos otros libros nos tomamos el trabajo de subrayar las ideas importantes de cada capítulo. ¿Por qué no hacer lo mismo con la Biblia? Al leer las Escrituras, ciertas frases, declaraciones e ideas van a sobresalir en cada capítulo que lees. Es probable que esas sean las ideas que Dios quiera comunicarte en ese momento. ¿Por qué no subrayarlas, encerrarlas en un círculo o marcarlas con un asterisco para tenerlas presentes?

Durante muchos años he seguido la práctica de sentarme a diario con Dios, abrir la Biblia y empezar la conversación con estas palabras: "Padre, este es tu día en mi vida. Quiero oír tu voz. Necesito tus instrucciones. Quiero saber lo que quieres decirme hoy. Conforme leo este capítulo, trae a mi mente aquello que deseas que escuche". Luego leo el capítulo en silencio o en voz alta, con un lápiz en mano para marcar aquellas cosas que sobresalen a medida que leo. A veces leo un capítulo por segunda vez y digo: "Señor, no estoy seguro de haber entendido lo que dijiste. Quiero leer esto nuevamente. Quiero que me aclares el mensaje que tienes en mente para mí". Durante la segunda lectura es posible que subraye más frases.

Al terminar de leer el capítulo de esta manera, vuelvo a revisarlo y a hablar con Dios acerca de lo que he subrayado. Si es lo que Dios me está diciendo, quiero darle mi respuesta. Muchas personas se limitan a leer la Biblia, cerrarla, y luego orar respecto a algo totalmente desconectado de lo que acaban de leer. Nada podría ser más descortés. A un amigo no lo trataríamos así. Si un amigo hace una pregunta, le damos una respuesta. Si un amigo nos declara algo importante, le ofrecemos algún comentario o respuesta. Así que, si Dios nos habla a través de la Biblia, debemos responder a lo que nos está diciendo.

Por ejemplo, supongamos que estoy leyendo Filipenses capítulo 4 y la frase que más me impresiona en ese momento está en el versículo 4: "Regocijaos en el Señor siempre. Otra vez digo: ¡Regocijaos!". Lo que hago es subrayar la frase y resaltar la palabra *siempre*. Después me dirijo a Dios y digo: "Señor, ¿cómo es posible esto? Parece totalmente imposible que yo pueda regocijarme siempre. A veces sí, pero ¿siempre?". Como puedes ver, estoy respondiendo a lo que Dios me ha dicho con una pregunta. Vuelvo a leer la frase "Regocijaos en el Señor siempre. Otra vez digo: ¡Regocijaos!" y entonces noto la pequeña frase *en el Señor*, y Dios ha respondido así mi pregunta. Lo que Él dice es que debo regocijarme siempre en el Señor, no en las circunstancias, porque no me puedo regocijar en las que son adversas. En cambio, sí puedo regocijarme en el Señor en medio de esas circunstancias. En virtud de mi relación con Él, puedo sin duda regocijarme a pesar de mi problema actual. ¡Qué gran fuente de ánimo para alguien que pasa por aguas turbulentas!

No trates de perdonar en tus propias fuerzas, sino pide al Espíritu de Dios que te dé la capacidad para perdonar.

Cada día Dios desea hablarnos de una manera personal por medio de su Palabra, y Él desea que le respondamos. Permíteme desafiarte hoy a leer diariamente un capítulo de la Biblia, a subrayar y marcar el texto y a hablar con Dios acerca de lo que has marcado. Permíteme sugerirte empezar con un libro. (Santiago es un buen punto de partida). Completa ese libro antes de empezar otro. Así irás marcando por toda la Biblia tu recorrido de la mano de Dios, y podrás fácilmente consultar de nuevo lo que Él te ha dicho día a día, semana a semana.

Te darás cuenta de que tu relación con Dios se enriquece en gran manera, porque nada fortalece más las relaciones que la comunicación abierta.

Elige obedecer

Al leer las Escrituras encontrarás una y otra vez mandatos como: "Sean buenos y compasivos los unos con los otros, y perdónense, así como Dios los perdonó a ustedes por medio de Cristo" (Ef. 4:32, NVI). Tales mandatos existen para nuestro bien. Dios nos manda estas cosas por nuestro bien. Dios, quien nos creó, sabe exactamente lo que necesitamos para ser felices y fructíferos en la vida. Todos sus mandamientos han sido dados con un propósito, así que debemos decidir en nuestro corazón obedecer cada mandato que recibimos de Dios. Por eso, si leemos "sean buenos y compasivos los unos con los otros", debemos buscar a una persona con quien ser buenos ese día, alguien con quien podamos ser compasivos, y alguien a quien necesitemos perdonar. Nuestro ejemplo es Cristo, quien nos perdonó. Recordarás que, en la cruz, Cristo vio a los que le crucificaban y dijo: "Padre, perdónalos, porque no saben lo que hacen" (Lc. 23:34). ¿Acaso no es esta la actitud que deberíamos tener hacia los que nos hacen mal? Existen cientos de mandamientos en las Escrituras que son de gran provecho para nuestra vida si los obedecemos.

En el tema de la obediencia no tenemos que depender de nuestras propias fuerzas, porque en nuestro interior los cristianos tenemos al Espíritu Santo, que nos da el poder para obedecer los mandatos de Dios. De modo que si te resulta difícil perdonar a los que han pecado contra ti, tienes ayuda. No trates de perdonar en tus propias fuerzas, sino pide al Espíritu de Dios que te dé la capacidad para perdonar. El perdón es en esencia una promesa. Es una promesa de que no usamos contra una persona las faltas que ha cometido. No significa que ignoremos esas faltas, sino que ya no las trataremos como tales. En el sentido más estricto, no significa que olvidemos los pecados, en cuanto a que fueron cometidos. Pero sí somos capaces con la ayuda de Dios de no recriminar al otro por ese pecado.

¿Puedes imaginar lo que sucedería en tu propia vida si empezaras a leer las Escrituras diariamente, escuchando la voz de Dios y obedeciendo sus mandatos en el poder del Espíritu? Es muy probable que en cuestión de meses a duras penas te reconocieras a ti mismo, debido a los grandes cambios en tu vida diaria.

Canta al Señor

La música es una expresión universal del sentimiento humano. Si escuchas canciones de varias culturas alrededor del mundo, descubrirás temas de gozo, emoción y deleite, pero también oirás temas de tristeza, dolor y sufrimiento. Esto sucede tanto en la música religiosa como en la secular. Cantar es un vehículo de comunicación. Puede alegrar el corazón o entristecer el espíritu. Las letras de nuestras canciones nos dirigen a la depresión o a la victoria. Los Salmos nos invitan a cantar alabanzas al Señor. En medio del dolor tal vez nos preguntemos: "¿Qué motivos tengo para alabar a Dios?". Pero, cuando meditamos en la verdad, encontramos muchos motivos por los cuales alabar a Dios.

En el salmo citado al principio del capítulo, David alabó a Dios por sus beneficios y bendiciones pasados. Cuando empezamos a alabar a Dios por lo que Él ha hecho en el pasado, llegamos a darle gracias porque será fiel con nosotros en el futuro. Pablo escribió a los efesios que debían ser llenos o gobernados por el Espíritu Santo, y así cantar "salmos, himnos y cánticos espirituales", y alabar al Señor en sus corazones (Ef. 5:19).

Nuestros cantos de gozo y victoria deben brotar de nuestra relación con Dios. Conforme el Espíritu de Dios nos dirige, podemos cantar sobre nuestros problemas, pero el centro de nuestra música debe ser alabar a Dios por quien Él es y por lo que hace en nuestras vidas.

Nuestra relación con Dios no se frena por nuestras circunstancias actuales, sino que más bien estas nos conducen a Él. Tal vez no sientas deseos de cantar. Puede que nunca hayas cantado en tu vida, pero como cristiano puedes cantar a solas. De hecho, Pablo dice que debemos cantar para nosotros mismos. Eso puede suceder en la ducha o acostados en la cama. Si esta no es una práctica habitual en tu vida, permíteme sugerir que simplemente tomes uno de los salmos (recuerda que Salmos es el libro de cánticos de los judíos) y que inventes una melodía para cantar ese salmo a Dios. La melodía, el tono y el ritmo son irrelevantes. Lo importante es que expreses alabanza a Dios por medio de las palabras escritas por otras personas que han atravesado dificultades. Puedes empezar con el Salmo 77 (pp. 60-61).

¿Por qué ir a la iglesia?

Puede que estés o no actualmente afiliado a una iglesia local para tener comunión fraternal. Durante la separación o cuando luchas en tu matrimonio, es de gran importancia que encuentres otros creyentes con quienes reunirte. Es cierto que la iglesia puede recibir críticas, y con razón. Con mucha frecuencia oímos comentarios como: "No quiero asistir a la iglesia porque está llena de gente hipócrita". Eso puede ser cierto. Es común que gente hipócrita y pecadora asista a la mayoría de las iglesias, pero sin hipócritas y pecadores, ¿quién más queda? Porque todos hemos pecado, y todos somos hipócritas a veces. Asistir a la iglesia no significa que seamos perfectos. Significa que buscamos crecer.

En la mayoría de iglesias cristianas encontrarás muy probablemente personas que te acepten y procuren ayudarte. No fuimos creados para vivir solos. Fue Dios quien dijo en el principio: "No es bueno que el hombre esté solo" (Gn. 2:18). El salmista dijo también: "Dios hace habitar en familia a los desamparados" (Sal. 68:6). En este preciso momento necesitas con desesperación la comunión de la familia de Dios.

Cuando las personas piensan en la iglesia, muchos piensan en asistir al servicio dominical de adoración y nada más. Eso está bien, pero es solo una parte de una iglesia digna de ese título. La iglesia está conformada por "llamados", aquellos que han aceptado a Jesucristo como Señor y se reúnen para aprender y darse ánimo mutuo. El estudio bíblico en grupos pequeños y los grupos de oración son de importancia vital en una iglesia. No te conformes con solo oír el sermón dominical. Participa en los grupos pequeños de estudio donde puedes encontrar respuestas a las preguntas que surgen. Muchas iglesias ofrecen clases diseñadas para ayudar a los separados. La mayoría de los pastores también están dispuestos a dar consejería personal.

Si no has asistido con regularidad a una iglesia, empieza este domingo. Busca un grupo de cristianos con los que te identifiques y con quienes puedas tener comunión y recibir el ánimo y el apoyo que necesitas.

Tampoco debes asistir a la iglesia solo con la idea de recibir, sino que también debes buscar la manera de brindar tus capacidades a otros. Tal vez te preguntes: "¿Qué tengo para ofrecer a otros? Ni siquiera puedo manejar mis propios problemas". El hecho es que puedes encontrar personas en la iglesia que tienen problemas similares a los tuyos, y que puedes comunicarles algo que has descubierto en tu relación con Dios. Asistir a la iglesia nunca es una experiencia en una sola dirección. Hebreos 10 nos dice que debemos exhortarnos, consolarnos y animarnos los unos a los otros. El lugar más indicado para que esto suceda es una iglesia cristiana auténtica.

Cabe destacar que si un pastor o los líderes de una iglesia son indiferentes a tus preocupaciones matrimoniales, es posible que necesites buscar otra comunidad de cristianos. Las iglesias manejan de maneras muy diversas el ministerio a los matrimonios en crisis.

El dolor, el gozo y la vida en unión con Dios

Ya he mencionado las palabras de Jesús en las que invita a todos los que están trabajados y cargados (Mt. 11:28). Jesús dijo además: "Llevad mi yugo sobre vosotros, y aprended de mí, que soy manso y humilde de corazón; y hallaréis descanso para vuestras almas; porque mi yugo es fácil, y ligera mi carga" (11:29-30). Jesús no nos llama a soltar nuestra carga para hallar reposo. Él nos llama a tomar su yugo. Un yugo alude a trabajo. El reto para nosotros no es a una vida inactiva o simple descanso, sino a tomar el yugo de Cristo y a trabajar junto con otros creyentes a fin de hacer el bien para Dios en el mundo.

Jesús dice: "Mi yugo es fácil, y ligera mi carga". ¿Comparados con qué? Con el yugo y la carga que llevamos cuando seguimos nuestro propio camino. Cuando hacemos eso, ignoramos a Dios y su Palabra, descubrimos que nuestro yugo es pesado y nuestra carga se vuelve más y más pesada. En cambio, cuando caminamos con Cristo descubrimos que su yugo es fácil y su carga ligera, comparados con lo que hemos soportado antes. Además, su carga siempre tiene un propósito. Sí, hay un trabajo por hacer, pero tiene propósito.

He conocido a muchas personas separadas que han pasado muchas horas de servicio en la oficina de la iglesia, o ayudando al mantenimiento del edificio, o visitando enfermos o necesitados. Tu dolor no te incapacita para el servicio a otros. De hecho, te puede volver más útil para ayudar a otros. El camino a la felicidad no se encuentra en aislarnos, ni en enfrascarnos en nuestros problemas; el camino a la felicidad se halla cuando caminamos en la vida con Dios y aprendemos a servirle.

PASOS DE CRECIMIENTO

Si no lo has hecho ya, pide a Dios que te revele las áreas en las que has fallado en tu matrimonio.

1. Haz una lista de tus fracasos y confiésalos a Dios. Agradécele porque Cristo ha pagado por esos pecados, y acepta su perdón.
2. Empieza a cultivar el hábito de leer cada día un capítulo de la Biblia, marcarlo y hablar con Dios acerca de ese texto. Puedes comenzar con el libro de Santiago, en el Nuevo Testamento.

3. Intenta cantar un salmo a Dios. Inventa tu propia melodía y ritmo. Puedes empezar por el Salmo 1.
4. Si no eres activo en una iglesia local, decide hoy qué iglesia vas a visitar el próximo domingo. No olvides asistir a la clase de estudio bíblico además del culto de adoración.
5. No dejes de buscar hasta que encuentres una iglesia afectuosa y calurosa donde puedas compartir la vida con otros cristianos.

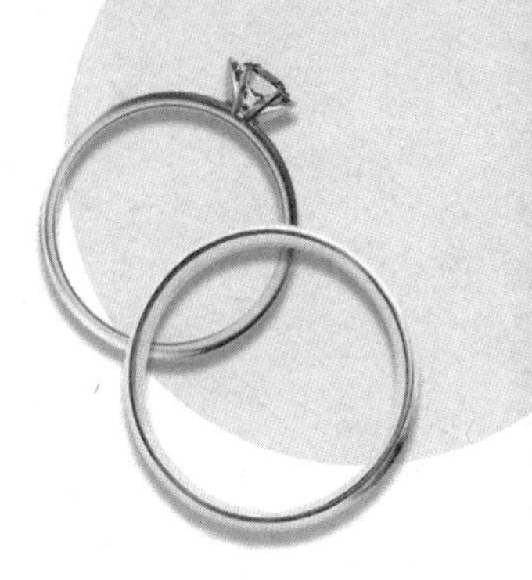

5

Amor es...

Si estás separado, tu cónyuge ya no llega a casa al final del día. Cuando entras en casa, nadie está allí para darte la bienvenida. Si aún se aman, debe ser a distancia y se expresan afecto de forma esporádica. Algunas parejas separadas tienen mucho contacto, mientras que otras se ven muy rara vez, si acaso. Por eso, algunos de ustedes tendrán más oportunidad que otros para demostrar amor a su cónyuge. No te lamentes de tus circunstancias. Tu situación es tuya y de nadie más, y debes aprovechar al máximo tus posibilidades. Con base en las palabras descriptivas de 1 Corintios 13, quiero sugerir algunas prácticas para expresar el amor durante el tiempo de separación. Si no te has separado aún pero experimentas una crisis matrimonial, las palabras de Pablo pueden ayudarte a establecer una comunicación más cortés y constructiva.

Paciencia

El amor "es paciente" (1 Co. 13:4, NVI). No te inquietes. Tu matrimonio no se ha deteriorado de la noche a la mañana, y tampoco se arreglará hoy mismo. No impongas límites para ti o tu cónyuge. Todos funcionamos mejor cuando somos libres. Si estás separado, quieres que él o ella regrese por voluntad propia. Dale tiempo. Expresa tu deseo, pero dale espacio para decidir.

También debes ser paciente con la ambivalencia de tu cónyuge. Durante una crisis matrimonial o separación, las personas se debaten entre dos tensiones emocionales. Algunas desean, así sea levemente, cumplir sueños antiguos que los impulsan hacia una reconciliación. Por otro lado, existe el dolor y las heridas de un matrimonio enfermo que emocionalmente los impulsa en la dirección opuesta. Como ya hemos visto, también puede existir la tensión de un tercero hacia quien se siente atracción, de ahí que haya otro impulso en esa dirección. Una persona puede decir algo con sinceridad un día y otra cosa muy diferente mañana. No es que esta persona tenga la intención de mentir; tan solo da cuenta de sus sentimientos en un momento particular. Se espera que él o ella aprenda no solo a tomar decisiones basados en los sentimientos, sino en lo que es correcto. Pero entretanto, debes ser paciente con estas declaraciones contradictorias. Expresar comprensión es incluso mejor: "Entiendo que te debates entre dos direcciones. A veces siento lo mismo".

Bondad

El amor "es bondadoso" (1 Co. 13:4, NVI). La palabra que se traduce aquí "bondadoso" significa "ser útil o provechoso". Si nuestras palabras y acciones son bondadosas, resultarán útiles o de beneficio para la otra persona. ¿Qué puedes decir que sea útil o de beneficio para tu cónyuge? Si eres un esposo que se ha ido, hay un sinnúmero de tareas en tu casa que podrías hacer en tu casa si ella accede. Si tu esposa te ha dejado, aún puedes hacer algunas cosas "útiles o beneficiosas" para hacerle la vida más agradable. No rehúses hacerlo simplemente porque ella te dejó o se alejó de ti. ¿Qué ganas si no le ayudas? Si dejas de hacerlo, alguien más lo hará, y te habrás perdido la oportunidad de expresar amor por medio de la bondad.

"El amor edifica" (1 Co. 8:1). ¿Cómo puedes "edificar" a tu cónyuge? Una forma de hacerlo es expresar bondad con tus palabras. Di algo que sea útil o provechoso, algo que edifique y no que destruya. Gran parte de nuestras conversaciones durante una separación o crisis matrimonial son destructivas. Expresamos nuestros sentimientos hostiles con palabras hirientes que acentúan las faltas de nuestra pareja. El camino de la reconciliación se pavimenta con palabras bondadosas. Ambos luchan con una imagen distorsionada de sí mismos. Ambos se sienten mal por lo que ha sucedido. Cada uno se siente culpable de sus propias faltas. ¿Por qué no edificar a tu cónyuge haciéndole cumplidos para reconocer algo bueno que ves en él o ella?

También podemos edificar al otro callando o, más bien, escuchando. Gary Smalley exhorta a los esposos a escuchar "el dolor que las esposas perciben, en lugar de discutir o ponerse a la defensiva". Para ello cita Proverbios 11:12: "El hombre prudente calla".[1]

Hace tiempo leí la historia de una mujer que buscó a un consejero matrimonial y le confió que deseaba divorciarse de su esposo.

—Quiero herirlo donde más le duele —dijo—. ¿Qué sugiere?

El consejero respondió:

---

1. Gary Smalley, *Winning Your Wife Back Before It's Too Late* (Nashville: Thomas Nelson, 2004), p. 33.

—Empiece por colmarlo de halagos. Cuando él crea que usted lo ama profundamente, entonces inicie el proceso de divorcio. Así lo herirá al máximo.

Ella regresó al cabo de dos meses para informar que había seguido su consejo.

—Bien —dijo el consejero—. Ahora es el momento de iniciar el divorcio.

—¡Divorcio! —exclamó la mujer— ¡Nunca! ¡Me he enamorado de ese hombre!

¿Qué sucedió? Ella había empezado a expresarle amor con palabras halagadoras. Al poco tiempo, él empezó a sentirse amado y empezó a manifestarle amor.

El amor inmerecido es la forma de amor más elevada y la más poderosa de tratar a un ofensor.

Sí, las emociones de afecto pueden renacer, pero deben ir *precedidas* de palabras y actos de bondad. Muchas parejas sienten que intentar una separación les ayudará a rectificar sus sentimientos. Quieren separarse y no tener contacto para ver si el tiempo distanciados les devuelve los sentimientos de afecto. Ese proceso es inútil. La actitud y la acción deben preceder las emociones positivas. La distancia sola no va a cambiar las emociones.

Sé que parece imposible manifestar bondad a un cónyuge que te ha causado tanto dolor. Puede que necesites tiempo y la ayuda de un pastor o consejero para procesar tu dolor. "¿Podré volver a tratar con bondad a alguien que me ha causado tanto daño?".

La respuesta es sí. Jesús es nuestro ejemplo y quien puede darnos el poder para amar lo que no inspira amor. El amor inmerecido es la forma de amor más elevada y la más poderosa de tratar a un ofensor.

El juego de la envidia

El amor "no tiene envidia" (1 Co. 13:4). Por lo general, cada cónyuge piensa que el otro saca el mejor partido de la separación. La esposa con hijos se queja de que su esposo es libre para hacer lo que le place, mientras ella tiene que quedarse en casa con los pequeños. El esposo se queja de que con todo el dinero que ella exige, él no puede pagar sus gastos y mucho menos disfrutar de la vida.

El juego de la envidia lleva a la esposa a tener una aventura amorosa porque su esposo tiene una. Lleva al esposo a desaparecer y abandonar sus responsabilidades hacia los hijos, para escaparse y buscar la felicidad por su cuenta. Lo cierto es que la separación es dura para ambos. Ninguno se encuentra en una situación ideal. Hay presiones adicionales en cada una de las partes. Las finanzas, la logística, la soledad, el significado de la vida, todo eso exige respuestas. Están viviendo en un estado anormal. Los esposos no fueron hechos para vivir separados. Fueron hechos para vivir en unidad familiar. La mejor forma de proteger tus intereses a nivel emocional, físico, espiritual y social es procurar reconciliar sus diferencias y hallar la unidad matrimonial. No envidies el lugar de tu cónyuge, sino más bien ora y trabaja en pos de la unidad de las dos mitades que ahora se encuentran separadas y heridas.

He oído a personas separadas o con problemas matrimoniales decir que "sienten lástima" de su cónyuge. ¿Qué podemos decir del papel de la compasión? ¿Y de la empatía?

Humildad

El amor "no es jactancioso" (1 Co. 13:4). Es muy fácil mirar en retrospectiva y anunciar todos tus actos de justicia en el matrimonio, pasando por alto tus flaquezas. "Te fui fiel. Escuché tus problemas, cuidé la casa, trabajé duro cada día, estuve a tu lado… ¿y todo para qué? Hice todo lo que podía. ¿Qué hay de mí? Yo… yo… yo…". Este tipo de discurso es verdad, pero no demuestra amor.

Tus hechos pasados hablan por sí solos. No necesitas proclamarlos a los cuatro vientos. Tus amigos te conocen. Tus hijos te conocen. Conoces la verdad acerca de ti mismo. Dios te conoce por completo. Y tu cónyuge te conoce, aunque decida recalcar todo lo negativo en el presente. El amor se niega a proclamar su propia bondad. Permanece humilde y confía en Dios.

Cortesía

El amor "no se comporta con rudeza" (1 Co. 13:4-5, NVI). Lo opuesto a la rudeza es la cortesía. No tienen que tratarse con rudeza por el simple hecho de estar separados. La palabra *cortesía* significa "modales propios del cortejo". Trata a tu cónyuge con dignidad y respeto como si estuvieras cortejándolo. Él o ella se ha alejado, y tú procuras recuperar su afecto. ¿Puedes recordar cómo lo/la tratabas antes de casarse? Si era un trato respetuoso, repite esas palabras y acciones.

No hay motivo para pelear y gritar cuando están juntos.

"La respuesta amable calma el enojo" (Pr. 15:1, NVI). Sin duda tienen que discutir sus asuntos, pero no tienen que atacarse mutuamente en el proceso. Sé que a veces nos enojamos, pero se nos manda no pecar cuando nos enojamos (Ef. 4:26). Si quieres sugerencias acerca de cómo comunicarte de forma constructiva en medio del conflicto, mira la sección sobre la comunicación en mi libro *El matrimonio que siempre ha deseado* (ver Recursos).

Si tu cónyuge está dispuesto, ¿por qué no dejar a un lado los problemas de vez en cuando y pasar tiempo juntos para hacer algo que ambos disfrutan? No sientan que están obligados siempre a ventilar sus diferencias. Mientras estén juntos, trátense con cortesía. Hagan aquellas cosas que sabes que el otro aprecia. Hablen con amabilidad. Antepongan los intereses del otro. Redescubran las cualidades del otro. Como Ana y Esteban, la pareja que se distanciaba porque varias circunstancias los jalonaban en direcciones opuestas, puede que descubran que el simple hecho de pasar tiempo juntos empieza a unirlos. La consejera Michelle Weiner-Davis comenta que es importante enfocarse primero en las fortalezas de la pareja como punto de partida.[2] ¡Empieza con lo positivo!

Entrega

El amor "no busca lo suyo" (1 Co. 13:5). Cuando nos casamos, la mayoría pensábamos en lo que obtendríamos del matrimonio. Teníamos sueños de nuestra propia felicidad y de lo que nuestra pareja haría por nosotros. Claro que queríamos

2. Michelle Weiner-Davis, *Divorce Busting* (Nueva York: Simon & Schuster, 1992), p. 75.

que el otro fuera feliz, pero nuestra idea predominante era lo que el matrimonio podía ofrecernos a nosotros.

Después de la boda descubrimos que nuestros cónyuges no siempre pensaban en nuestra felicidad. No siempre satisfacían nuestras necesidades. Exigían más y más nuestro tiempo, energía, y recursos para su propia felicidad. Nos sentimos engañados y usados. De modo que peleamos por nuestros derechos. Exigimos que nuestros cónyuges hicieran ciertas cosas por nosotros, o nos dimos por vencidos y buscamos la felicidad en otra parte.

Realmente es muy importante que observes a tu pareja y comprendas sus reacciones.

La felicidad es un lujo muy particular. Nunca la encuentra el que la compra. Puedes buscar la felicidad personal en las estanterías del mundo entero y nunca encontrarla a ningún precio. Hombres y mujeres solitarios de todas las edades se han quejado de lo inútil de su búsqueda de la felicidad. La felicidad verdadera es el resultado de procurar la felicidad de alguien más.

¿Qué puedes hacer para procurar la felicidad de tu cónyuge? Hay que admitir que esta es una pregunta difícil. "A mí no me importa que sea feliz o no —dices con franqueza—. ¿Qué hay de mí? ¡Yo también quiero ser feliz para variar!".

Tus sentimientos son comprensibles, pero ¿cómo vas a encontrar la felicidad? Igual tendrás que descubrir las necesidades de alguien más y procurar satisfacerlas. ¿Por qué no empezar con tu cónyuge?

Obviamente descubrir esas necesidades puede requerir un poco de reflexión, porque tu cónyuge no necesariamente puede expresarlas abiertamente. Juana, casada durante más de treinta años, nos aporta una valiosa lección. "Realmente es muy importante que observes a tu pareja y comprendas sus reacciones. Mi esposo se enoja cuando se siente mal consigo mismo. La Navidad pasada estaba instalando el árbol navideño en su base, pero el árbol se caía repetidamente. Yo estaba arriba, trabajando en nuestro estudio, y él subió molesto. Al principio, yo no lo entendí y dije: '¡Pero se supone que esto sería *divertido*!' y luego me di cuenta de que no estaba enfadado conmigo sino con él mismo. A los hombres les cuesta reconocer su incapacidad, sobre todo cuando se trata de asuntos como ese. Su necesidad en ese momento era que yo lo *escuchara* y le diera una respuesta adecuada. Además, yo tenía que dejar a un lado lo que estaba haciendo y darle prioridad a él".

Olvida el pasado

El amor "no guarda rencor" (1 Co. 13:5). No sé cuántas veces he escuchado en una sesión de consejería a un esposo o esposa dedicar horas a describir detalladamente las palabras o acciones pasadas de su cónyuge. Algunos pueden rememorar y revivir los detalles más ínfimos de lo que sucedió quince años atrás. Cada vez que rememoran los sucesos reviven las emociones del momento.

El sufrimiento, el dolor y la decepción se sienten como si aquello hubiera sucedido ayer. Yo me pregunto ¿para qué sirve eso? Está bien contarlo una vez a un consejero, pero repetirlo diariamente en tu propia mente es absolutamente inútil, e incluso peor. Es destructivo.

Todos hemos acumulado fracasos en nuestra vida, que nuestra pareja puede rememorar y sacar a relucir para destruirnos. Sí, somos culpables de faltas horribles, pero el gran mensaje de la Biblia es que hay perdón. Cristo murió por nuestros pecados a fin de que podamos ser libres de la condenación. "Ahora, pues, ninguna condenación hay para los que están en Cristo Jesús" (Ro. 8:1). El perdón significa que Dios ya no nos imputa de pecado. Él nunca nos recuerda nuestras faltas del pasado.

Debemos seguir el ejemplo de Dios en nuestra manera de tratar a nuestros cónyuges. Sí, nos han ofendido, pero tenemos el poder para perdonar. Si tu pareja confiesa y pide perdón, nunca más debes sacar a relucir el pasado. No hace ningún bien rememorar los detalles del pasado una y otra vez. Tu bienestar no depende del pasado, sino de lo que hagas con el futuro. Lo que es importante es cómo se traten hoy el uno al otro, no cómo se trataron el mes pasado. Olvidar el pasado es la clave que puede abrir el futuro, porque trae la reconciliación entre tú y tu cónyuge.

Confianza

El amor "todo lo cree" (1 Co. 13:7). "¿Podré un día volver a confiar en él?", pregunta una esposa. "¿Cómo puedo aprender a confiar en ella después de lo que ha sucedido?", pregunta un esposo sincero. La confianza es un ingrediente esencial de la unidad matrimonial. Cuando confiamos en nuestra pareja, creemos en su integridad fundamental. Sentimos que lo que dicen es cierto. No tenemos razones para dudar. No obstante, cuando alguien traiciona nuestra confianza y no dice la verdad, la confianza se rompe. Cuando eso sucede más de una vez, la confianza se deteriora y con el tiempo desaparece.

¿Puede renacer la confianza? Sí, si la integridad renace. La confianza muere cuando la integridad muere. Si confesamos nuestros pecados y pedimos perdón, Dios nos perdona. Se espera que nuestro cónyuge también nos perdone. En ese momento, la semilla de integridad vuelve a plantarse. No obstante, precisa tiempo para que la confianza vuelva a dar fruto. La confianza no se destruyó de la noche a la mañana, y tampoco florecerá inmediatamente. Sí, podemos volver a confiar, pero tal confianza se construye sobre un fundamento de integridad. Debemos regar la delicada planta de la integridad hasta que sus raíces vuelvan a extenderse a fondo en nuestras relaciones.

Sin esperanza, todo fracasa.

A nivel práctico, esto significa que, si has de recuperar tu confianza en tu cónyuge, él o ella debe escribir una nueva historia de confiabilidad. Tu pareja debe cumplir sus promesas, debe ser honesto en todo lo que a ti respecta. Sin acciones confiables, la confianza no puede crecer. Cada vez que descubres a tu cónyuge diciendo la verdad, tu confianza en él o ella crecerá. La confianza puede restaurarse durante esta crisis, pero solo si tu cónyuge adopta una manera de ser confiable.

Si eres tú quien ha fallado, puedes ayudar a que tu pareja recupere la confianza en ti permitiéndole supervisar tu comportamiento. Cada vez que tu cónyuge observe que actúas conforme a lo que dices, crece la confianza. Esto toma tiempo, pero puedes llegar a ser una persona íntegra y tu cónyuge puede volver a confiar en ti.

Esperanza

El amor "todo lo espera" (1 Co. 13:7). Creo que lo más grande que puede aportar un consejero en su consultorio es esperanza. Un oído atento, un corazón dispuesto, habilidades comunicativas, enseñanzas bíblicas, todo eso es necesario para una consejería exitosa, pero sin esperanza todo fracasa. Ese espíritu de esperanza nació en las dificultades que resolví en mi propio matrimonio y creció gracias a cientos de parejas que he visto reconciliadas. Está arraigada en las poderosas enseñanzas de la Biblia.

En los primeros años de nuestro matrimonio, Karolyn y yo perdimos la esperanza. Parecía que nuestro sueño no se iba a hacer realidad. Nos amábamos (eso pensábamos), pero no podíamos resolver problemas persistentes. Nos aferramos a nuestras propias ideas de lo que el otro debería ser o hacer, pero ninguno de nosotros vivía a la altura de esas expectativas. Yo sabía que el dolor de ver mi más grande anhelo, que era tener un matrimonio feliz, parecía escaparse de mis manos cada día. No nos separamos físicamente, pero estábamos separados emocionalmente.

No hubo una solución simple ni una varita mágica que cambió nuestras vidas, pero permanecimos juntos hasta que las actitudes cambiaron. Libros, conferencias, amigos y el Señor nos ayudaron a ver en qué medida nuestro comportamiento destructivo era fruto de nuestras inseguridades. Logramos entendernos mejor, en especial las fortalezas y debilidades de nuestras personalidades. Empezamos a escuchar en lugar de hablar, a preguntar en vez de exigir, a procurar comprender en lugar de encapricharnos. Llegamos a apreciar las fortalezas de cada uno y a ayudarnos en nuestras flaquezas. Logramos vernos mutuamente como amigos. Ahora, la calidez y la seguridad de nuestro tiempo juntos han dejado muy atrás el dolor y sufrimiento de esos primeros años, pero los recuerdo y eso me infunde esperanza para otros.

El evangelio de Cristo "es poder de Dios para salvación a todo aquel que cree" (Ro. 1:16). A lo largo de los años he visto vidas cambiadas radicalmente siempre que hay hombres y mujeres comprometidos con Cristo. El sencillo mensaje del evangelio es que Dios no solo perdona nuestros pecados mediante nuestra fe en lo que Cristo hizo en la cruz, sino que el Espíritu de Cristo viene en realidad a vivir en nosotros y nos da el poder para cambiar. Todos los hombres y mujeres tienen el poder para cambiar, pero el cristiano cuenta con la ayuda específica del Espíritu Santo cuando decide caminar como Dios ordena.

Sí, hay esperanza para ti y para tu matrimonio. El primer paso es entregar tu vida a Dios; el segundo es amar a tu cónyuge a pesar de todo lo que ha sucedido. Claro, existe la posibilidad de que tu cónyuge no responda favorablemente a tu amor o al amor de Dios, pero Dios no te dejará sin esperanza.

Tú tienes un futuro con Dios. Ese futuro incluye cada esfuerzo hacia la reconciliación. Dios dirigirá tus pasos para lograr una vida fructífera. En última instancia, tu satisfacción no depende de la respuesta de tu pareja, sino de tu propia respuesta frente a Dios.

PASOS DE CRECIMIENTO

1. En una actitud de oración, piensa y luego prepara una lista de maneras específicas de manifestar el amor de Dios a tu cónyuge.
2. Haz otra lista de todo aquello que vas a dejar de hacer o decir a fin de convertirte en una fuente de amor divino para tu cónyuge.
3. Ora para que Dios te dé el poder para abandonar todas las palabras y acciones destructivas contra tu pareja.
4. Elige una de las acciones que anotaste en la lista 1 y pide a Dios que te dé una oportunidad para manifestar su amor a tu cónyuge esta semana.
5. Comprométete a caminar con Dios sin importar lo que haga tu pareja.

6

Amor firme

A estas alturas quizá te preguntes: "Pero, Dr. Chapman, ¿qué de mí? No puedo hablar a mi cónyuge ni ser amable con mi cónyuge. Tuve que mudarme por mi propia seguridad". Pienso también en David, a quien conocimos al principio del libro. David es víctima de maltrato verbal constante. ¿Qué le decimos a David?

Permítame ser claro: *Algunas cosas no se permiten en un matrimonio*. Cuando hay continuo maltrato físico, abuso sexual infantil, alcoholismo o drogadicción en un matrimonio, es preciso actuar en amor. De hecho, no se ama a alguien cuando se le permite esa clase de comportamientos como un estilo de vida. El amor se preocupa siempre por el bienestar de la otra persona. Amar no es aceptar este comportamiento y hacer nada. Esa es una conducta destructiva para el individuo y para el matrimonio. El amor debe confrontar la realidad; debe ser firme. Ese es amor verdadero.

Confrontar y redimir

En la Biblia, confrontar siempre supone redención. "Si tu hermano peca contra ti, ve y repréndele estando tú y él solos —dice Jesús en Mateo 18:15—; si te oyere, has ganado a tu hermano". La esperanza de la confrontación es que la relación pueda restaurarse.

Sin embargo, sabemos que el ofensor no siempre responde con arrepentimiento. Jesús dice en seguida: "Mas si no te oyere, toma aún contigo a uno o dos, para que en boca de dos o tres testigos conste toda palabra. Si no los oyere a ellos, dilo a la iglesia; y si no oyere a la iglesia, tenle por gentil y publicano" (Mt. 18:16-17). ¿Cómo tratas a un gentil? Oras por él. Le das testimonio de la gracia de Dios, pero no aceptas su comportamiento pecaminoso. Cuando hay arrepentimiento, estás completamente preparado para perdonar y restaurar. De hecho, esa es la meta que se espera de la confrontación.

Así pues, ve primero y habla con la otra persona en privado. No solamente expresamos nuestro desagrado por su conducta, sino que afirmamos que tal conducta es pecaminosa, que transgrede las leyes divinas que se han establecido para el matrimonio y la familia. Instamos a la persona a volverse a Dios y a abandonar su comportamiento pecaminoso. Le aseguramos que le amamos demasiado para no hacer nada. No podemos tolerar ese comportamiento. Si el cónyuge se arrepiente, lo perdonamos y seguimos creciendo en el matrimonio.

Si la persona se niega a tratar el comportamiento pecaminoso, habla acerca de la situación con dos o tres más, y juntos confróntenla de nuevo. Estas personas deben ser confiables y maduras, capaces de entender cómo ser bondadosos pero firmes. Tal vez saber que otros están al tanto de la situación motive al cónyuge a buscar ayuda para romper los hábitos destructivos. Si está dispuesto a someterse a una consejería, el proceso debe iniciarse lo más pronto posible y prolongarse todo el tiempo necesario hasta que tanto el consejero como la pareja estén de acuerdo en que el problema ha sido tratado completamente. Con una consejería individual y el apoyo de una familia cristiana, los patrones destructivos pueden cambiarse. Los matrimonios pueden ser restaurados.

El tercer nivel de confrontación es informar a la iglesia acerca de la situación. Cuando el cónyuge no ve la necesidad de arrepentirse después de haber sido confrontado por ti y por los otros testigos, entonces la iglesia debe intervenir. Por lo general, esto empieza por informar a un pastor o miembro del equipo pastoral como representantes de la iglesia. El líder pastoral toma un grupo representativo de la iglesia y confronta de nuevo al cónyuge. Tal vez él o ella responda positivamente a la ayuda que se le ofrece y el proceso de sanidad comience.

Aunque esto parezca una petición excesiva, y algunos pastores no estén dispuestos a involucrarse, es claramente el modelo bíblico de proceder. En mi experiencia, a menudo la visita del pastor o los ancianos es lo que Dios usa para tocar el corazón del cónyuge e iniciar el proceso de reconciliación.

Si el individuo no está dispuesto a enfrentar el problema, la Biblia dice que lo tratemos, en un sentido, como un incrédulo. Si aplicamos este principio a la relación matrimonial, ¿significa esto separación? En mi opinión, esa es indudablemente una alternativa. El propósito, no obstante, siempre es la redención. La separación tiene como propósito crear una crisis con la esperanza de que el cónyuge se impulse a actuar de manera constructiva. Oramos por esa persona, la amamos, y estamos dispuestos siempre a recibirla cuando se aparte de su comportamiento destructivo.

La separación como un acto de amor

Algunos cristianos ven siempre la separación como un acto pecaminoso. En realidad, en ocasiones puede ser el acto de amor más grande que alguien pueda realizar. Permítame ilustrar esto.

Luisa esperaba en la entrada del salón de conferencias donde yo iba a hablar. Cuando me acerqué, pude darme cuenta de que quería hablarme.

—Usted es el Dr. Chapman, ¿no es así? —preguntó; en ese punto era inútil fingir que yo era Gary Smalley, de modo que asentí. Ella continuó—. Lo he esperado porque tengo una pregunta acerca de la conferencia de anoche. Lo que dijo acerca del amor fue muy doloroso para mí. He estado separada de mi esposo durante tres meses. Tengo una pregunta para usted. ¿Hay un momento para dejar de amar?

—¿Por qué lo pregunta? —respondí.

—Mi esposo me maltrató física y emocionalmente durante ocho años. Se negó a trabajar. Yo mantuve la familia durante siete años. Luego me enfermé. Aún así él rehusó trabajar.

—¿Podía él trabajar? —pregunté.

—Tanto como yo. Él trabajaba cuando nos casamos. Seis meses después perdió su empleo y nunca tomó la iniciativa de buscar otro. Yo trabajaba, de modo que él se quedaba en casa con los niños y miraba televisión. Básicamente eso era todo lo que hacía, ver televisión. Aún así, esperaba siempre que yo cocinara. Incluso, cuando el hijo menor empezó a ir a la escuela, él no buscó un trabajo. Yo me cansé de la situación: de dar y dar sin recibir nada a cambio. Llegué al punto de que no tuve más amor para dar. ¿Está mal dejar de amarlo?

—Tal vez usted no dejó de amarlo —dije—. Tal vez lo ama ahora más que antes. Según el concepto bíblico, yo digo que el amor es procurar el bienestar del otro. Es anteponer el bienestar del otro por encima del propio.

Ella me interrumpió:

—Eso fue lo que hice todos esos años, Dr. Chapman, pero ya no pude más.

—Yo entiendo cuál era su intención todos esos años —dije—, pero no estoy seguro de que su conducta haya sido tan amorosa. En realidad, usted le ayudó a llevar un estilo de vida irresponsable. ¿En realidad lo ayudó? ¿Lo que hizo usted fue provechoso para él? Usted le permitió vivir sin trabajar, mientras que la Biblia dice que "si alguno no quiere trabajar, tampoco coma" (1 Ts. 3:10). Con sus acciones le ayudó a infringir ese principio bíblico fundamental.

Era evidente que esta no era la conversación que Luisa esperaba. Yo proseguí:

—Ahora que usted se ha separado de su esposo, ha dado un paso para ayudarle a seguir ese principio. Usted le ha comunicado: "Ya no voy a patrocinar más que desobedezcas la Biblia. No puedo obligarte a trabajar, pero no te ayudaré a evadir tu responsabilidad". Es probable que consiga un trabajo.

—Oh, ya se ha comprometido a conseguir un empleo y me tratará bien si yo le permito volver —dijo.

—Entonces veamos si cumple su promesa. Espere a que consiga un trabajo y vayan juntos a ver a un pastor o consejero para tratar los problemas de maltrato. Con el tiempo es probable que logre tener un matrimonio sano y bíblico, pero déjele claro que usted no volverá con él hasta que estos asuntos se arreglen completamente. Usted debe tener una evidencia de que las cosas pueden cambiar. ¿Entiende por qué le digo que probablemente ahora lo ama todavía más que antes? No me malinterprete. No estoy alentando el divorcio. Estoy diciendo que el amor usa la confrontación como medio para obtener ayuda.

Continué con mi explicación: "El amor le dice a un esposo: 'Te amo demasiado como para ayudarte a vivir equivocadamente. No voy a sentarme y dejar que te destruyas y de paso a mí, maldiciéndome cada noche. No puedo obligarte a dejar de maldecir, pero no voy a estar aquí para oír eso esta noche. Si deseas que nuestra vida mejore, estoy dispuesta. Pero no voy a patrocinar que me destruyas'".

Algunos cristianos definen el amor como el esfuerzo por aplacar los deseos del cónyuge sin importar cuál sea su conducta. Esto es algo que ni siquiera Dios hace.

Luego le expliqué: "Su actitud no debe ser de abandono sino de amor. Para responder su pregunta inicial, nunca hay un momento para dejar de amar al otro, pero hay un momento para empezar a expresar ese amor de una manera diferente y más eficaz. Amar no es dejar que otro la pisotee. El amor es interesarse tanto por el bienestar del otro que usted se niega a tolerar su conducta anómala. Muchas personas se sanan cuando alguien los ama lo suficiente para confrontar sus acciones inapropiadas".

El amor firme de Dios

Dios es nuestro mejor ejemplo de esta clase de amor que pone límites. Una y otra vez, leemos pasajes similares a las siguientes palabras dirigidas a Israel:

> Si prestas atención a estas normas, y las cumples y las obedeces, entonces el Señor tu Dios cumplirá el pacto que bajo juramento hizo con tus antepasados, y te mostrará su amor fiel. Te amará, te multiplicará y bendecirá en el fruto de tu vientre, y también en el fruto de la tierra que juró a tus antepasados que les daría. es decir, bendecirá el trigo, el vino y el aceite, y las crías de tus ganados y los corderos de tus rebaños (Dt. 7:12-13, NVI).

> Si llegas a olvidar al Señor tu Dios, y sigues a otros dioses para adorarlos e inclinarte ante ellos, testifico hoy en contra tuya que ciertamente serás destruido (Dt. 8:19, NVI).

Fijar esta clase de límites se ha interpretado como una actitud no cristiana y falta de amor. En realidad, es amor en su máxima expresión. Sin límites, la vida sería confusión. El poeta Robert Frost escribió: "Las buenas cercas hacen buenos vecinos".[1] Esto es más que una bella frase poética, es sentido común. Hay cosas que no deben permitirse en un matrimonio. El amor está dispuesto a trazar un límite y negarse a aceptar el comportamiento como normal. Puede que ese amor

---

1. Robert Frost, "Mending Wall", ed. Edward Conery Lathem, *The Poetry of Robert Frost* (Nueva York: Holt, Rinehart y Winston, 1969).

firme no conduzca a la reconciliación, pero es una forma de proceder responsable y amorosa.

Algunos cristianos definen el amor como el esfuerzo por aplacar los deseos del cónyuge sin importar cuál sea su conducta. Esto es algo que ni siquiera Dios hace. Es cierto que Dios nos ama incondicionalmente, pero no es verdad que su actitud es la misma sin importar que obedezcamos o no sus mandamientos. Él ha fijado límites y, cuando respetamos esos límites, experimentamos "bendición". Cuando transgredimos los límites o nos rebelamos, Dios nos ama demasiado para quedarse callado.

A veces, en nombre del amor o por temor, toleramos comportamientos destructivos de nuestro cónyuge hasta que llegamos a odiarlo. Entonces emprendemos acciones para defendernos. Es mucho más saludable tomar acciones tempranas en la relación mientras todavía tenemos energía emocional para soportar el proceso. "Soportar" comportamientos pecaminosos no es la manera en que Dios hace las cosas. Él nos ama demasiado para permitirlo.

Cuanto más pronto aclaremos los límites y actuemos cuando se transgreden, mejor. No podemos gozar los beneficios de una relación afectuosa y amorosa a menos que estemos dispuestos a asumir la responsabilidad de nuestra propia conducta.

Cuando hay maltrato

Tal vez tú estés separado o consideres seriamente la separación porque sufres a causa del maltrato físico o verbal, la infidelidad sexual, el abuso sexual de los hijos, el abuso del alcohol o de las drogas, o cualquier otro comportamiento que la Biblia condena de manera explícita. Si es así, permíteme animarte a trabajar de la mano de un pastor o consejero cristiano para determinar cuál debe ser tu proceder. Tu iniciativa de separarte puede ser un acto consciente de amor firme, o puede ser simplemente un acto de supervivencia. Sea cual sea el caso, puedes beneficiarte de la experiencia de un profesional que ha ayudado a personas en situaciones de maltrato similares.

Vas a enfrentar muchas inquietudes durante la separación. Si ha habido un patrón de maltrato físico o abuso sexual de los hijos, ¿debes permitir a tu cónyuge regresar a casa para visitarlos? En mi opinión, no hasta que hayan recibido suficiente consejería y el consejero esté de acuerdo con que esas visitas son seguras. Una promesa de cambio no es suficiente en esos casos. Ya se han hecho promesas antes. Es poco probable que ocurra un cambio verdadero de los patrones establecidos de maltrato sin consejería prolongada y la ayuda del Espíritu Santo. Recuerda que la meta es la reconciliación, no simplemente volver juntos. Juntarse de nuevo sin afrontar los verdaderos problemas es casi un desastre seguro.

El amor firme puede parecer duro, pero es a veces necesario. Firmeza con amabilidad es la actitud adecuada. No podemos reconciliarnos con un cónyuge maltratador hasta que se haya superado completamente el problema del maltrato. Debemos estar dispuestos a emprender el largo camino de la sanidad, pero nunca debemos ignorar el maltrato. El maltrato que se pasa por alto solamente empeora. Es mejor fijar límites de amor firme ahora mismo, no después. ¡Después podría ser demasiado tarde!

PASOS DE CRECIMIENTO

1. ¿Cuál de los siguientes comportamientos ha tenido tu cónyuge en tu matrimonio? (Escribe sus iniciales sobre la línea correspondiente)

   ___ maltrato físico ___ maltrato verbal
   ___ abuso sexual de los hijos ___ infidelidad sexual
   ___ alcoholismo ___ abuso de drogas
   ___ otro ______________________________

2. ¿Cuál de los anteriores comportamientos has tenido tú en tu matrimonio? (Escribe tus iniciales sobre la línea correspondiente)
3. ¿Qué pasos has tomado para poner fin a tu comportamiento destructivo?
4. ¿Qué pasos ha tomado tu cónyuge para poner fin a su comportamiento destructivo?
5. Si alguno de los anteriores es un patrón establecido en sus vidas, una reconciliación auténtica solo puede ocurrir cuando estos comportamientos cambien. Casi siempre esto requerirá la ayuda de un pastor o consejero profesional. Si todavía no has consultado a un pastor o consejero, conviene que tomes inmediatamente la iniciativa de encontrar a esa persona y programar una cita.

   Además de esto, cerciórate de que tu cónyuge entienda que no puede haber reconciliación sin consejería. Dile que las promesas de cambio no son suficientes. Si tu pareja tiene intenciones serias, estará dispuesta a buscar ayuda.
6. Si tu cónyuge no está dispuesto a buscar consejería para tratar estos patrones de comportamiento destructivos, conviene que cuentes con tu propio consejero que te ayude a saber cómo fijar límites con tu pareja.

7

La soledad: "el abismo más profundo"

Hace varios años le hablé a nuestra congregación acerca del papel de los adultos solteros en la familia de Dios. Al describir algunos de los problemas que enfrentan los solteros, mencioné el dolor de la soledad. A la semana siguiente, se me acercó una joven madre que se había separado de su esposo y ella me dijo:

—No me parece que usted sepa de qué habla.

Esto me tomó por sorpresa.

—¿A qué se refiere? —pregunté.

—A su sermón de la semana pasada acerca de la soledad… no creo que tenga idea de lo que significa estar solo. Usted tiene una esposa que lo ama. ¿Cómo puede saber lo que se siente al estar solo?

Reconocí que ella tenía razón.

—Es indudable que yo desconozco el sufrimiento que usted experimenta —confesé.

En cierto sentido nadie conoce el dolor que otra persona

experimenta. Lo único que podemos hacer es escuchar a los que sufren y tratar de comprenderlos.

Reflexioné en las palabras que había escrito meses atrás cuando estuve lejos de mi familia durante tres semanas mientras dictaba un curso sobre ministerios para adultos solteros en una universidad de la costa oeste de Estados Unidos: "Hace mucho no sentía la soledad que experimenté esta tarde y noche. Estar a casi cuatro mil kilómetros de distancia de mi casa y de mis amigos me produce sentimientos de vacío. Hay cientos de personas en esta universidad, pero no conozco a ninguno de ellos. Los estudiantes se conocen entre sí y se sienten en casa. Yo me siento muy solo".

"La soledad de una persona casada es más dura que la de una soltera".

El dolor que sentí esa noche, el aislamiento de sentir que nadie me conocía, no se compara en absoluto con la soledad que sentía esa joven madre. Yo sabía que a su tiempo regresaría a casa y estaría de nuevo con mi amorosa esposa y mis hijos que se interesan por mí. Podía visualizar nuestra reunión. Vivía con ese sueño. En cambio, esa joven madre no tenía esa visión, ni ese sueño.

Un joven le dijo a su pastor:

—He pasado dos años de soledad. No me refiero a estar solitario. Quiero decir solo. ¿Sabe cuál es la diferencia entre solitario y solo? ¡Claro que no! Usted nunca ha tenido que saberlo, porque solitario es cuando alguien está ausente, pero usted sabe que regresará en algún momento. Estar solo es cuando usted no tiene a nadie que lo deje solitario.

Luego el joven explicó su situación: "Yo fui solitario por mucho tiempo después de que se fueron. Pero eso fue cuando pensé que regresarían. No los culpo. No niego que sea mi culpa. En gran medida lo fue. Pero ellos no van a regresar. Ni en un millón de años. ¡Usted no sabe lo que es el infierno! ¡Espero que nunca lo sepa!".

El consejero Samuel Rainey hizo el siguiente comentario: "La soledad de una persona casada es más dura que la de una soltera. Las esperanzas y las expectativas que acompañan a un compromiso de por vida en cierto punto se tornan insoportables cuando quedan insatisfechas".[1]

Solo y con el corazón roto

Bien sea que se esté físicamente separado o viviendo bajo el mismo techo pero enajenado emocionalmente con su pareja, ¡la soledad es real! Lo que muchos no entienden es que esto puede ser mortífero. James J. Lynch, profesor de Psicología y director científico de la Facultad de Medicina de la Universidad de Maryland, ha realizado un estudio exhaustivo de la relación entre la soledad y la salud física. En una entrevista, le preguntaron al Dr. Lynch qué relación existía entre la soledad y la salud física. Él respondió: "Eso es como preguntar qué conexión hay entre el aire y la salud física. Al igual que el aire que respiramos, la compañía de otros es algo en lo que no pensamos hasta que somos privados de ello. El hecho es que el

1. Correo electrónico, noviembre, 2013.

aislamiento social, la pérdida repentina de un ser amado y la soledad crónica contribuyen en gran manera a la enfermedad y la muerte prematura. La soledad está llevando a nuestra cultura al borde del precipicio, pero también nos está costando a todos en términos de salud física".[2]

Los investigadores Jack H. Medalie y Uri Goldbourt estudiaron a 10.000 hombres casados mayores de cuarenta años para determinar los factores que contribuyen a la angina de pecho, un tipo de enfermedad cardiaca. El estudio fue realizado en Israel, y les hizo seguimiento a estos hombres durante cinco años. El estudio reveló que quienes tenían esposas que los amaban y apoyaban sufrían menos enfermedades cardiacas que aquellos que describieron a sus esposas como "más distantes" (52 de 1000 comparado con 93 de 1000).[3] El grado de intimidad de una relación matrimonial mejora en gran medida la salud física. La soledad en la relación matrimonial es nociva para la salud.

No obstante, la soledad para los separados parece ser aún más aguda. Una mujer que escribió en la revista *Christian Medical Society Journal*, describió claramente ese dolor: "La soledad es quizá el abismo más profundo que bloquea el camino de las personas separadas. Tras varios años de matrimonio, extrañaba no tener a alguien con quien compartir los pequeños sucesos cotidianos. La hora de las comidas eran particularmente difíciles, y cocinar para una persona parecía no tener sentido. Las madres tienen hijos para quienes cocinar y

---

2. James J. Lynch en una entrevista con Christopher Anderson, *People*, 22 de agosto de 1977, p. 30.

3. Maya Pines, "Psychological Hardness: The Role of Challenge in Health", *Psychology Today*, diciembre, 1980, p. 43.

con quienes conversar, pero de todos modos anhelan la compañía de los adultos. Como yo no tenía hijos, me llené de actividades para no tener tiempo para pensar en el vacío de mi vida. En la iglesia o en una fiesta me sentía por lo general aislada, especialmente si nadie mostraba interés en sentarse a mi lado".[4]

Robert S. Weiss, profesor de Sociología de la Universidad de Massachusetts y pionero en el estudio de la soledad, identifica dos formas de soledad: emocional y social.[5] Aunque tienen síntomas diferentes, la causa de ambas es la misma: la incapacidad de satisfacer la necesidad de formar vínculos significativos.

La soledad emocional se deriva de la necesidad de intimidad con un cónyuge o un mejor amigo. Una persona sola emocionalmente siente que no cuenta con nadie. Los síntomas incluyen sentimientos de tensión, cautela frente a posibles amenazas, nerviosismo, pérdida de apetito, insomnio, y ansiedad generalizada de baja intensidad.

El individuo que sufre soledad social experimenta un sentido de aislamiento de la comunidad en general. Tiene la sensación de que "lo importante está sucediendo en otra parte".[6] Con frecuencia, los horarios de la jornada pierden sentido para la persona que sufre de soledad social. Pueden quedarse dormidos durante el día y despertarse en la mitad de la noche. La soledad social es más acentuada en individuos que

---

4. "Divorce", *Christian Medical Society Journal* 7, no. 1 (invierno, 1976): 30.

5. Robert S. Weiss, *The Experience of Emotional and Social Isolation* (Cambridge: Massachusetts Institute of Technology, 1973), p. 54.

6. Ibíd., p. 57.

no tienen una profesión significativa. Sienten que sus vidas no van encaminadas a lograr algo que valga la pena.

Los separados son propensos a experimentar ambos tipos de soledad, en especial, cuando no tienen un sistema social de apoyo fuera del matrimonio. Cuando hay una separación, la esposa que ha estado en su casa durante años probablemente se sentirá aislada no solo de su esposo sino del mundo entero.

A veces se confunde la soledad con la depresión. Si bien las personas solas pueden deprimirse a causa de la frustración por su incapacidad de poner fin a su soledad, se trata de dos estados muy diferentes. La depresión se resiste al cambio, en tanto que la soledad produce presión para cambiar. La depresión paraliza a la persona, mientras que la soledad la impulsa a moverse en cualquier dirección que ofrezca esperanza. Por eso, muchas personas solas acuden a bares para solteros, aunque sienten que no deberían ir. La depresión, en cambio, los mantiene encerradas en casa con todas las ventanas cerradas sintiendo lástima de sí mismos.

¿Qué estás haciendo con tu vida?

La soledad social, aquella sensación de estar al margen de todo lo que tiene importancia en el mundo, puede ser curada si te consagras a una vocación que te resulte significativa. Nuestro sentido de dignidad personal se deriva en gran medida de lo que hacemos con nuestra vida. Si yo percibo que mi vida aporta de manera genuina y positiva a Dios y al mundo, es menos probable que yo sufra de soledad social. No estoy al margen sino que me he convertido en una parte activa de lo que es relevante para mi generación.

Para algunos, esto puede significar volver a estudiar para

cumplir un sueño vocacional que se ha mantenido apagado muchos años. Esto me recuerda a una esposa de unos treinta y cinco años que al separarse decidió matricularse en un instituto técnico local, terminó su trabajo de secundaria, perfeccionó sus habilidades administrativas, y ahora siente que forma parte activa de su comunidad vocacional. El sentido de pertenencia a un equipo que hace una contribución significativa al mundo provee sanidad emocional al que padece soledad social.

Esa clase de entrenamiento también puede fortalecer tu confianza en ti mismo. Cuando demuestras que puedes tener éxito en el salón de clases, te sientes mejor contigo mismo y se expande tu visión de lo que Dios tiene reservado para ti en el futuro. Estoy seguro de que tienes muchos intereses y habilidades que todavía puedes desarrollar. Este puede ser el mejor momento para empezar a cultivarlos.

Tal desarrollo vocacional y personal bien puede servir como un peldaño hacia la reconciliación con tu pareja. A medida que ella te ve aprovechando la oportunidad para tu crecimiento personal en lugar de sucumbir a la parálisis del sufrimiento, es más probable que vea esperanzada un matrimonio más maduro. Tu cónyuge puede ver cómo te conviertes en una persona diferente y mejor. Tal cambio constructivo renueva la esperanza. Por otro lado, tus acciones positivas no garantizan que tu cónyuge vuelva contigo. Lo que sí garantiza es la sanidad de tu soledad social.

Algunas madres sentirán que esa formación vocacional es imposible o indeseable. Se sienten limitadas o acorraladas por los hijos. Permíteme recordarte que los hijos son un regalo de Dios (Sal. 127:3). No dejan de serlo cuando experimentas la separación. Te ahorrarás gran parte de la soledad que otros experimentan gracias a tu relación con tus hijos. Si hablamos de una vocación significativa, ninguna es más satisfactoria que instruir a los niños. Muchas otras vocaciones tienen que ver con "cosas", pero tú tratas con personas. Tu mercancía es eterna, la otra es temporal. Sigue siendo cierto que "la mano que mece la cuna gobierna el mundo". No te lamentes de tu situación si no puedes trabajar fuera del hogar. Da gracias a Dios por tu oportunidad y aprovéchala al máximo.

Pasas más tiempo contigo que con nadie más. ¿Por qué no hacerlo agradable?

Por otra parte, algunas madres que no desean trabajar fuera de casa se ven obligadas a hacerlo a causa de la separación. Si el esposo no puede o no quiere proveer el sustento económico debido, la esposa se ve obligada a trabajar. Si sientes esa presión, considérala como una oportunidad, no como opresión. Pide a Dios que te dé más fuerza física y emocional. Pide la sabiduría de Salomón para instruir a tus hijos y llegar a ser una mujer conforme al corazón de Dios. La soledad social no será tu problema.

Para los que no pueden trabajar o estudiar, hay muchas oportunidades para involucrarse en proyectos valiosos en tu comunidad. Los grupos cívicos siempre buscan voluntarios que están dispuestos a invertir tiempo y energía. Los grupos cristianos como los clubes de mujeres y los comités de personas de negocios te ayudarán a canalizar tus habilidades hacia actividades significativas. Evita aislarte, ¡tú puedes ser parte del equipo! Tú puedes sentir la satisfacción que produce invertir tu vida sabiamente.

Hay que salir del encierro

La solución definitiva para la soledad emocional, la falta de comunión íntima con otra persona, es salir de tu encierro y cultivar la relación contigo mismo, con Dios y con otros. Hemos hablado al respecto en capítulos anteriores, pero permíteme repetir que tú tienes la capacidad de ser tú mismo tu mejor amigo. Pasas más tiempo contigo que con nadie más. ¿Por qué no hacerlo agradable? Aprende a quererte, y crea una atmósfera que te permita disfrutar de la vida. No tienes que autodestruirte por lo que ha sucedido. Ya has admitido tus faltas; ahora levántate y haz algo hoy que te haga sentir contento contigo mismo.

La iglesia puede ayudarte en gran medida a cultivar tu relación con Dios y con los demás. Es un gozo ver lo que sucede cuando una persona sola y separada se integra a la vida de nuestra iglesia. En el sermón oye palabras de esperanza, algo de lo cual no ha oído en semanas. En los grupos informales de estudio, conoce a personas que han descubierto esa esperanza y se han apropiado de ella. Conoce a personas que no son perfectas pero perdonadas, que la aceptan. Poco a poco esa persona separada puede al fin recibir de Dios y corresponder a esas manos de esperanza. Aprende a hablar con Dios y a oírlo a través de su Palabra. Aprende a compartir su vida con otros que se interesan genuinamente en él. Con el paso del tiempo la soledad se desvanece y esos individuos que antes vivían derrotados, empiezan a florecer. Pocas cosas son más gratificantes para quienes ejercemos el ministerio en una iglesia local.

¿Te suena esto demasiado fácil? ¿Demasiado "religioso"? Te aseguro que no es ni fácil y tampoco es del otro mundo. En primer lugar, tienes que arriesgarte a salir de tu lugar. Tienes que zafarte de los lazos que te atan en tu propio encierro. Sí, puedes aprender a volar, pero debes dejar atrás la crisálida. Puedes aprender a vivir libre de soledad, pero debes abandonar tu encierro y buscar una comunidad que se interese por ti.

Por desdicha, no encontrarás la calidez que necesitas en todas las iglesias. Algunos grupos se han vuelto sociedades o clubes de ayuda mutua para aquellos que pagan sus cuotas de membresía, en lugar de ser un faro para navíos a punto de naufragar. Pero no te rindas. Jesús dijo: "Pedid, y se os dará; buscad, y hallaréis; llamad, y se os abrirá" (Mt. 7:7). Tu búsqueda no será en vano.

Es trágico cuando las personas heridas vienen a nuestras reuniones y salen sin recibir un toque de sanidad.

Una advertencia para tu búsqueda: busca amor cristiano, no matrimonio. Recuerda que tu meta es la reconciliación con tu cónyuge. Te conviene mantener abiertas todas las vías en esa dirección. Entretanto, necesitas el amor y el cuidado de otras personas. Insisto en que no esperes perfección de las personas en la iglesia. Puede que incluso encuentres personas que traten de aprovecharse de ti. La iglesia no examina a la entrada el carácter de cada persona que participa en sus actividades. Como dijo Jesús, el trigo y la cizaña crecen juntos hasta el día de la cosecha (Mt. 13:24-30).

De todas las organizaciones existentes en nuestra nación, ninguna está mejor equipada que la iglesia para suplir las necesidades de las personas solas. La iglesia no solo ofrece un sistema de apoyo social sino también espiritual. Tener una buena relación con Dios y una relación cercana con sus criaturas es el mejor medicamento para la soledad.

Ahora me desvío un poco para dirigirme a las personas que son miembros de iglesias. Debemos aceptar el desafío que supone crear una atmósfera de fraternidad como la que he descrito. Es trágico cuando las personas heridas vienen a nuestras reuniones y salen sin recibir un toque de sanidad. Así lo expresó una mujer anciana: "Me siento en el banco de la iglesia junto a un cuerpo tibio, pero no logro calentarme. Tengo la misma fe, pero no inspiro acto de amor alguno. Canto los mismos himnos que quienes están junto a mí, pero solo oigo mi propia voz. Cuando termina la reunión, me voy, tal como llegué, hambrienta de contacto con alguien, alguien que me diga que soy una persona que vale algo para ellos. Quizá una sonrisa bastaría, alguna señal o gesto que manifieste que no soy una extraña".[7]

Como escribió Paul Tournier:

> Solo la iglesia puede dar respuesta a la gran necesidad actual de comunidad. Cristo envió a sus discípulos de

7. James Johnson, *Loneliness Is Not Forever* (Chicago: Moody, 1979), p. 21.

> dos en dos. El cuerpo de creyentes de la iglesia primitiva, según la Biblia, "era de un corazón y un alma... tenían todas las cosas en común" (Hch. 4:32; 2:44). En lugar de demostrar a los ojos del mundo lo que es la comunión fraternal, la iglesia parece encarnar el triunfo del individualismo. Los fieles se sientan juntos sin siquiera conocerse; los ancianos se reúnen en un pequeño parlamento con sus partidos y protocolos; los pastores hacen su trabajo por su lado.[8]

Tal vez nunca estemos satisfechos hasta que las iglesias en las que ministramos se consideren portadoras del ministerio de nuestro Señor, quien dijo: "Venid a mí todos los que estáis trabajados y cargados, y yo os haré descansar"(Mt. 11:28).

Bien sea que estés en contacto con personas en la iglesia, en tu comunidad o en una tienda, debes tomar la iniciativa de construir puentes con otros. La soledad emocional no desaparece por sí sola con el paso del tiempo. Necesitas el compañerismo con otros, y debes tomar la iniciativa de establecer relaciones.

Puede que otras personas no acudan a ti, pero, a medida que expresas interés en otros iniciando una conversación, también otros se interesarán en ti. Cuando manifiestes interés en el bienestar de otros, descubrirás que otros se interesan por ti. A medida que construyes relaciones de interés mutuo, se disipa la soledad emocional.

Permíteme añadir una observación acerca de las redes sociales. Si bien es indudablemente una forma de conocer personas,

---

8. Paul Tournier, *Escape from Loneliness* (Filadelfia: Westminster, 1976), p. 23.

no es el lugar más seguro. Y aunque puedes comunicarte con amigos y familiares por medio de las redes sociales, son las relaciones cara a cara las más seguras y provechosas.

El título del analítico libro de James Johnson hace una crítica mordaz de esta verdad: "la soledad no dura para siempre". Quizá te sientas condenado a una situación sin salida. Estás separado pero no divorciado. Eres libre para hundirte en tu dolor pero no para volverte a casar. Solitario y solo. Pero así como la separación es un estado temporal, la soledad no es más que un pasillo, no una sala de estar. A un extremo del pasillo están la depresión, la parálisis, el dolor y la oscuridad, pero al otro extremo están la vida, el amor y el significado. Estás en la mitad del pasillo. Puede que incluso estés tirado en el piso llorando, pero tarde o temprano te levantarás.

Cuando lo hagas, espero que empieces a caminar (quizá gateando al principio) hacia la puerta de la esperanza. Justo detrás de esa puerta se encuentran unas personas amorosas que te aceptarán tal como eres y te ayudarán a llegar a ser lo que quieres ser. ¡La soledad no dura para siempre!

PASOS DE CRECIMIENTO

1. Aclara tus sentimientos de soledad social respondiendo los siguientes interrogantes:
   - ¿Te sientes apartado o aislado de todo lo que hay de valioso en el mundo?
   - ¿Percibes que otros logran metas significativas mientras tú te sientas y miras como un espectador?
   - Si pudieras hacer cualquier cosa en el mundo con tu vida, ¿qué te gustaría hacer?

- ¿Es esta una meta realista para tu vida? De no ser así, ¿cuál sería una meta realista?
- Si te propusieras alcanzar esa meta, ¿cuál sería tu primer paso en esa dirección?
- ¿Cómo afectará ese paso tu relación con tu cónyuge?
- ¿Cómo te afectará el hecho de dar ese paso?
- ¿Por qué no das ese paso y pides a Dios que te guíe hacia el mejor porvenir?

2. Aclara tus sentimientos de soledad emocional respondiendo las siguientes preguntas:
   - ¿Te sientes solo emocionalmente? ¿Sientes que no hay nadie con quien puedas compartir tus sentimientos sinceros?
   - ¿Qué oportunidades y cuánta libertad tienes para comunicar tus sentimientos con tu cónyuge?
   - ¿Tienes un amigo con quien puedes comunicarte sin temor de ser rechazado? Si es así, ¿le has comunicado tu sufrimiento actual? ¿Por qué no hacerlo hoy mismo?
   - ¿Sientes la necesidad de desarrollar amistades con otros?
   - Dentro de tu comunidad, ¿dónde puedes acudir para desarrollar tales amistades?
   - ¿Eres parte de una comunidad cristiana en este momento? Si no, ¿qué te impide hacerlo de inmediato?
3. Si la soledad es aguda, y no has podido hablar con alguien, concierta una cita con un consejero o pastor que pueda ayudarte a ver tu situación con más objetividad.

8

"Estoy muy enojado"

"Me enojo mucho cada vez que pienso en él. Cuando pienso en todo lo que me ha hecho, en verdad que lo odio. Me enfurezco de solo pensar en eso. Sé que no está bien, pero no puedo evitarlo". El enojo de esta mujer separada casi se puede palpar.

"Cuando vi al hombre con quien salía —recuerda un hombre en proceso de divorcio—, tendré que ser franco: mi primer pensamiento fue matarlos a los dos".

"Antes de que mi amiga se divorciara, ella menospreciaba tanto a su esposo que no podía siquiera mirarlo, y él era incapaz de mirarla a ella. No hablaban. No había relación alguna. Tal era el enojo que sentían", relata una mujer.

Cuando se llega al punto de la crisis matrimonial o la separación, usualmente uno o los dos cónyuges han perdido sus sentimientos de amor. Han sido lastimados. Han sido ofendidos. Sus cónyuges son los responsables, y los sentimientos de hostilidad se dirigen hacia ellos. Quieren venganza y causarles sufrimiento por lo que han hecho.

Por lo general, ambos miembros de la pareja sienten algo de enojo, puesto que cada uno considera al otro como el responsable de su sufrimiento. Aunque el enojo es normal, también es destructivo. El enojo puede destruir al otro, pero con mayor frecuencia destruye al que lo alberga. Si el enojo puede expresarse de manera ética y constructiva, puede conducir al cambio deseado, pero si se deja arder por dentro, puede ser devastador. El enojo que no se expresa produce muerte, de la misma manera que un cáncer maligno destruye lentamente el tejido vital.

La expresión descontrolada del enojo es como una explosión que arrasa con todo a su paso. Los insultos, las críticas, los gritos, las patadas y gestos similares no conducen a nada bueno. Tales arranques son como un ataque cardiaco emocional y pueden producir daño permanente, incluso a los hijos.

El enojo puede ser protagonista de un momento, pero no debes permitir que altere tu vida.

Muchos conocemos bien las palabras de Pablo: "Si se enojan, no pequen. No dejen que el sol se ponga estando aún enojados, ni den cabida al diablo" (Ef. 4:26-27, NVI). Observa que Pablo no dijo: "¡No se enojen!". Eso no sería realista. Todos experimentamos sentimientos de enojo cuando pensamos que hemos sido maltratados. Antes bien, Pablo dice: "Si te enojas, ¡no peques!". No te dejes llevar por tus sentimientos hasta el punto de que hagas o digas algo destructivo y por ende pecaminoso. En consecuencia, somos responsables por nuestras acciones *aun cuando* estamos enojados.

El enojo nos hace propensos a conductas pecaminosas. Si nos limitamos a hacer lo que nos viene por naturaleza, vamos a estallar contra la persona o el objeto de nuestro enojo. La mayoría de asesinatos domésticos ocurren en una atmósfera de enojo o embriaguez, y a veces los dos. Las tensiones aumentan y los resultados son trágicos.

He oído a algunos esposos que han maltratado físicamente a sus esposas, repetir llorando: "No quise hacerlo. No quise hacer eso". Las esposas y esposos que maltratan verbalmente a su pareja dicen con frecuencia: "Lamento lo que dije. Desearía tragarme mis palabras. Realmente no creo lo que dije".

La forma correcta de enojo

¿Cómo podemos asumir la responsabilidad de nuestras acciones aun cuando estamos enojados? El reto es que *te niegues a ser controlado por tus sentimientos de enojo*. Sé sincero contigo mismo acerca de tu enojo y confiésalo a Dios, a un amigo o un consejero, y a tu cónyuge, pero no te dejes controlar por el enojo. Cuando hablas con otros acerca de tus sentimientos, el enojo se disipa y es mucho más probable que hagas algo constructivo.

Pablo también nos advierte a no dejar que el enojo se convierta en un huésped permanente en nuestra vida. El enojo puede ser protagonista de un momento, pero no debes permitir que altere tu vida.

Así que la mejor forma de deshacerse del enojo es confesarlo. Lo peor que puedes hacer es reprimirlo. Cuando lo reprimes y te niegas a reconocerlo, preparas el escenario para una erupción volcánica de enormes proporciones.

Además de esto, contaminas tu alma con amargura, que no es más que enojo reprimido. Es enojo reprimido por tanto tiempo que se convierte en tu patrón de sentir y de pensar. Quedas cautivo en pensamientos constantes de cómo lastimar a tu cónyuge. Rememoras constantemente las faltas pasadas. Cada vez que sientes el dolor y el sufrimiento que estas te causaron, el enojo resurge como si acabaran de suceder. Una y otra vez te planteas las mismas preguntas y obtienes las mismas respuestas. Escuchas la misma grabación hasta que invade cada rincón de tu mente. El enojo se convierte en amargura y ahora estás lleno del veneno del odio. Dices que tu cónyuge te ha hecho la vida miserable pero, en realidad, has elegido la compañía del enojo. Nadie puede abrazar el enojo sin contaminarse de amargura y odio.

Si tu enojo se ha convertido en amargura, es muy probable que necesites la asesoría de un consejero o pastor que te ayude a sacar la infección y te conduzca a las aguas de sanidad del perdón divino. Sí, tienes derecho a sentirte enojado, pero no tienes derecho a destruir una de las criaturas de Dios: tú mismo. El sentimiento de enojo no puede evitarse, pero la amargura es el resultado de permitir diariamente que el enojo viva en tu corazón. Esto leemos en la Palabra: "Abandonen toda amargura, ira y enojo, gritos y calumnias, y toda forma de malicia" (Ef. 4:31, NVI). Debemos confesar la amargura como pecado y aceptar el perdón de Dios.

Debemos tener en cuenta que confesar una sola vez la amargura puede no traer alivio de todos esos sentimientos hostiles. Si la amargura se ha enconado mucho tiempo, los sentimientos que acompañan a la actitud amarga pueden tardar en desaparecer. ¿Qué puedes hacer cuando regresan los sentimientos y pensamientos de enojo y amargura? Confiésalos delante de Dios y afirma tu compromiso de perdonar. Una oración apropiada sería: "Padre, tú conoces mis pensamientos y sentimientos, pero te doy gracias porque con tu ayuda ya no me enfocaré en las faltas de mi cónyuge. Ayúdame ahora a llegar a ser un instrumento de tu amor". Debes negarte a abrigar resentimiento. Conforme practicas el amor, los pensamientos y sentimientos de amargura y enojo aparecerán cada vez menos.

Una vez que te has librado de la amargura, se nos exhorta así: "Más bien sean bondadosos y compasivos unos con otros, y perdónense mutuamente, así como Dios los perdonó a ustedes en Cristo. Por tanto, imiten a Dios, como hijos muy amados" (Ef. 4:32—5:1, NVI). No debemos limitarnos a reconocer nuestra amargura y recibir el perdón de Dios. Debemos entregar nuestro enojo y nuestro cónyuge a Dios, y pedirle que nos llene de amor en vez de odio. Como hemos visto, a Dios no solo le interesa que seamos libres del enojo, sino que seamos instrumentos de amor y bondad.

Este es el mensaje maravilloso de la Biblia. Dios no quiere que seamos esclavos de ninguna emoción negativa. Antes bien, Él quiere que tengamos una relación de amor con Él de la cual se desprenda amor en nuestras relaciones con otros. El enojo se enfoca en un área del conflicto en nuestra relación. Debemos procurar resolver ese conflicto. Si nuestro cónyuge no nos ayuda a resolverlo, debemos negarnos a ser víctimas del enojo. La ira puede entrar en nuestra vida, pero no podemos permitirle quedarse a vivir en nosotros.

El peligro de la venganza

La amargura descontrolada encuentra la manera de ejecutar venganza. Cuando damos lugar al espíritu del "desquite", transgredimos las enseñanzas claras de las Escrituras. Pablo dice: "No paguéis a nadie mal por mal… No os venguéis… Dejad lugar a la ira de Dios" (Ro. 12:17, 19). Puede que tu cónyuge te haya ofendido gravemente, pero no es tu responsabilidad castigarlo por su pecado. Él o ella debe enfrentar a Dios con su pecado, y Dios es un juez justo.

Pablo dice además a los cristianos tesalonicenses: "Mirad que ninguno pague a otro mal por mal; antes seguid siempre lo bueno unos para con otros, y para con todos" (1 Ts. 5:15). El énfasis está en buscar lo bueno para tu cónyuge, no en desquitarte. Procurar su bien no es lo mismo que pasar por alto su pecado. Como ya hemos visto, no es bueno dejar que tu cónyuge persista en un estilo de vida irresponsable y pecaminoso. Debes buscar su bien, no con amenazas airadas, sino con exhortaciones bien pensadas.

El enojo y la amargura se expresan a menudo con explosiones verbales destructivas. Pero la venganza verbal no lleva a nada bueno. Es muchísimo mejor confesar que estamos enojados y, por tanto, no podemos hablar sobre el asunto en términos positivos y preferimos esperar hasta que podamos manejar nuestros sentimientos. Los problemas deben hablarse, los conflictos deben resolverse, pero no encontraremos solución en el acaloramiento del enojo.

No te condenes a ti mismo por sentirte enojado. Ese sentimiento señala que eres miembro de la raza humana. Tienes la capacidad de conmoverte profundamente por algo que consideras importante. ¡Eso es grandioso! Permite que esa inquietud te guíe a la acción constructiva. No te dejes esclavizar por tu enojo ni hagas algo que empeore la situación. Reconoce tus sentimientos de enojo a Dios o a un amigo y pídeles que te ayuden a responder de manera creativa de tal modo que se redima la situación.

PASOS DE CRECIMIENTO

1. Expresa tu enojo por medio de la escritura. Pide a Dios que te guíe para expresar tus sentimientos. Puedes empezar: "Me siento enojado porque...".
2. Piensa en un amigo que sea objetivo y a quien puedas comentar lo que has escrito. Pídele que escuche mientras lees y luego te ayude a buscar maneras constructivas de enfrentar el problema.
3. ¿Sientes que has permitido que tu enojo se convierta en amargura? En ese caso, ¿estás dispuesto a confesarlo como pecado y a aceptar el perdón de Dios?
4. Si nunca has invitado a Cristo a tu vida, ahora que confiesas tu pecado, ¿por qué no hacerlo y pedirle que te dé la capacidad para manejar tus problemas actuales?
5. Puedes consultar un recurso adicional para tratar con el enojo: Gary Chapman, *El enojo: Cómo manejar una emoción poderosa de una manera saludable* (Grand Rapids: Portavoz, 2009).

9

Volver a empezar

Puede que alguien le diga a su cónyuge: "Quiero que seas feliz. Si abandonarme te hace feliz, entonces vete. Duele, pero quiero que seas feliz". Por encima, esto puede parecer un acto muy abnegado y amoroso, pero en realidad no es nada de eso. El amor procura el bien del cónyuge.

Puede parecer más fácil separarse y buscar tu propia felicidad en lugar de trabajar en la reconciliación de las diferencias y redescubrir el amor. Puede ser mucho más difícil permanecer juntos que separarse, en especial cuando los sentimientos de amor han desaparecido. El llamado del cristiano no es a seguir el camino fácil, sino el camino correcto. Puedo asegurarte que el camino correcto conduce a la felicidad y el amor después del dolor de la reconciliación.

La decisión de volver a tu cónyuge y buscar la reconciliación es un paso de fe. Pero no es fe ciega. Es una fe basada en el consejo de Dios. No estás seguro si verás la calidez del amor emotivo cuando regreses. No sabes si se resolverán las diferencias y tendrás la comunión íntima que anhelas en el matrimonio. Por lo tanto, debes tomar los primeros pasos por fe y no por vista. Con tu mano en la de Dios, debes caminar con Él, confiando en su sabiduría. Lo que ves será únicamente con ojos de fe.

La reconciliación exige una decisión. Es una decisión contra la separación continuada y el divorcio definitivo. Es una decisión para reafirmar tus votos matrimoniales y buscar activamente la intimidad y la plenitud que Dios tuvo en mente cuando instituyó el matrimonio. No es la decisión de volver al tipo de relación que tenías cuando te separaste, sino de trabajar para establecer algo mucho más significativo.

La decisión de reconciliarse no es popular en nuestros días. Mil voces buscarán tentarte con la supuesta felicidad de una vida "libre" de tu cónyuge. Te invitarán a participar junto con ellos en sexo sin compromiso. Tú estás en la encrucijada. La decisión es tuya.

Como una paráfrasis de lo dicho por el poeta Robert Frost, la reconciliación es definitivamente el camino "menos transitado",[1] pero también es el que lo cambia todo.

El camino de vuelta

Supongamos que has optado por la reconciliación, o comprometerse junto con tu pareja a darle a su matrimonio una nueva oportunidad. Permíteme recorrer contigo este camino "menos transitado". Primero, antes de dar un paso, ¿por qué no contarle a Dios tu decisión? Sí, Él conoce tu corazón y por ende tu decisión, pero Dios es una persona, y a Él le gusta oír tu voz. Puede parecer extraño orar en voz alta si no estás acostumbrado a esa clase de conversación, pero te animo a hacerlo.

1. Robert Frost, "The Road Not Taken", ed. Edward Conery Lathem, *The Poetry of Robert Frost* (Nueva York: Holt, Rinehart y Winston, 1969).

Cuéntale cómo te sientes, dónde has estado, lo que has hecho. Confiesa tus fracasos y pide perdón. Cuéntale tu decisión de buscar la reconciliación con tu cónyuge y pide su ayuda. (Recuerda, Él no obligará a tu cónyuge a corresponderte, pero te facultará para manifestar amor en tus iniciativas). Pídele que te transforme en la persona que Él desea. Pídele que dirija tus pasos en el camino hacia la reconciliación.

Con la certeza del perdón y la ayuda de Dios desearás invitar a tu cónyuge a unir sus esfuerzos para reconstruir tu matrimonio. Tal vez puedas invitarlo a cenar o sugerirle que salgan juntos. Si él o ella se muestra reacio, dile que tienes algo muy importante para decirle. Si no pueden cenar juntos en ese momento, puedes sugerirle que se vean en una semana o después. No lo presiones. Durante la semana, ora a Dios para que Él mueva, anime y motive a tu cónyuge para que responda.

Sé paciente y constante. Esto demostrará la seriedad de tus intenciones. Cuando al fin expreses tu decisión de buscar la reconciliación, es probable que él o ella lo tomen con más seriedad. Puede ser que Dios use este intervalo de tiempo para preparar su corazón para lo que vas a decirle.

Durante la cena o después, dile a tu cónyuge que has pensado y orado mucho. Explícale que has logrado entenderte mejor y que gran parte de tu comportamiento ha sido gobernado por tus emociones y actitudes. Asimismo, dile que no necesitas ser esclavo de tus sentimientos y que las actitudes pueden cambiar. Reconoce que has fallado en muchos aspectos, y pide perdón por esos fracasos.

Cuéntale a tu pareja que has estado leyendo un libro que te ha animado a pensar y te ha ayudado a tomar la decisión de que quieres trabajar en restaurar tu matrimonio. Puedes decir: "Sé que no voy a poder lograrlo sin tu ayuda. Entiendo tu reticencia. Sé que no hay mucho en el pasado que te anime a intentarlo de nuevo. Pero no quiero que lo intentemos como lo hemos hecho antes. Quiero que trabajemos en algo mucho mejor de lo que hemos tenido jamás. Quiero que tomemos todos los pasos necesarios para entendernos mejor a nosotros mismos y el uno al otro. Sé que esto exigirá esfuerzo, y puede ser doloroso, pero estoy dispuesto a hacer lo que sea necesario".

Tu objetivo no es "volver juntos". El objetivo es buscar el renacimiento de tu matrimonio.

Explícale que no esperas una respuesta inmediata. Conviene que le dejes pensar y orar al respecto. Asimismo, puedes darle una copia de este libro y sugerirle que lo lea. Dile que leyéndolo tal vez entienda algunos aspectos en los que tú has reflexionado y tu decisión de buscar la reconciliación. Sugiérele que después de haber dedicado un tiempo para pensar, leer y orar, él o ella puede acceder a hablar más.

No esperes que todos los problemas desaparezcan después de esa noche. Solo tienes que dar el primer paso en el camino "menos transitado". ¿A dónde nos dirigimos después?

Cuando los dos se disponen

En el capítulo 10 hablaremos de lo que debes hacer si tu cónyuge no está dispuesto a trabajar contigo para lograr la reconciliación. En este capítulo supongamos que tu cónyuge responde afirmativamente. Ambos están dispuestos a trabajar para restaurar el sueño que tenían cuando se casaron. ¿Deberían mudarse de inmediato al mismo apartamento o casa? Tal vez no. Recuerda, tu objetivo no es "volver juntos". El objetivo es buscar el renacimiento de tu matrimonio. Los conflictos, las frustraciones, los malentendidos y las necesidades insatisfechas que te llevaron a este punto crítico deben ser examinados y tratados.

Para la mayoría de las parejas, el proceso de restauración requerirá los servicios de un pastor o consejero matrimonial. Necesitas desarrollar las habilidades para expresar tus sentimientos de manera constructiva. Debes entender y apreciar las ideas y los sentimientos de tu cónyuge. Deben buscar la manera de suplir las necesidades emocionales y físicas del otro. Los consejeros matrimoniales y muchos pastores están entrenados para ayudarte a desarrollar estas habilidades.

Si asistes a una iglesia, podrías llamar al pastor y hablarle acerca de tu decisión de buscar la reconciliación y preguntarle si tiene tiempo para ayudarles a aprender a relacionarse de manera creativa, o si podría recomendar a alguien más. No todos los ministros son expertos en consejería matrimonial, pero la mayoría estarán dispuestos a recomendarte alguien que te ayude si ellos no pueden hacerlo. Cuando te reúnas con el pastor o consejero y desarrolles tus habilidades comunicativas, empezarás a experimentar libertad en tu matrimonio. Empezarás a sentir que comprendes mejor las cosas. Empezarán a llegar a acuerdos en asuntos que han sido conflictos sin resolver. Se darán mutuamente la libertad para disentir en ciertos temas y aun así ser bondadosos y tratarse con amor.

Para quienes han estado físicamente separados, cuando

empieces a ver esa clase de crecimiento, desearás conversar y decidir cuándo es oportuno volver a vivir juntos. No hay una regla exacta; algunas parejas estarán listas para mudarse juntas al cabo de tres o cuatro sesiones con un pastor o consejero; otras, después de doce o más sesiones. No dejen de ver al consejero cuando vuelvan juntos. Ese es un momento decisivo, con nuevas presiones adicionales. En esos días, necesitarán concentrarse en tener una comunicación abierta y amorosa. Continúen sus sesiones de consejería hasta que sientan que han resuelto adecuadamente los conflictos y han desarrollado habilidades para manejar desacuerdos. Las habilidades comunicativas que aprendas serán importantes para el resto de tu vida. No debes olvidarlas cuando la crisis termine.

Algunas parejas no podrán acceder a los servicios de un consejero profesional. Por fortuna, hay otros recursos disponibles. Hoy día existe una gran cantidad de libros excelentes, recursos en la Internet, podcasts y conferencias al alcance de casi cualquier pareja. Mi libro *El matrimonio que siempre ha deseado* (Portavoz) fue escrito para ayudar a las parejas a explorar todas las áreas básicas de ajuste matrimonial y a hallar maneras positivas de vivir. Al final de cada capítulo hay tareas prácticas para fomentar la comunicación y el entendimiento. Sugiero que la pareja lea un capítulo cada semana y complete las tareas de forma individual para luego discutir juntos sus reflexiones. Muchas parejas separadas y parejas en crisis encuentran este proceso de gran provecho para reconstruir sus matrimonios.

Algo que recomiendo mucho para restaurar el amor emocional en el matrimonio es el libro *Los 5 lenguajes del amor*.[2]

2. Gary Chapman, *Los 5 lenguajes del amor* (Miami: Unilit, 2010).

El libro te ayuda a identificar el principal lenguaje del amor de tu cónyuge. Cuando hablas el lenguaje del amor del otro, comunicas amor e interés. También aprendemos a llenar la "necesidad de amor" del otro, lo cual crea un clima que favorece la resolución de los conflictos y el renacimiento de la amistad entre los dos.

Los matrimonios no son estáticos: crecen o se contraen.

Muchas iglesias incluyen talleres o seminarios sobre el matrimonio como parte de sus programas educativos. Pregúntale a tu pastor si hay alguno disponible en tu iglesia. Habla también con amigos cristianos y pregunta qué programas hay en sus iglesias. Seguramente, algunas iglesias en tu comunidad tienen algún programa que te ayude a reconstruir tu matrimonio.

El hecho de leer un libro o escuchar una charla en podcast no solo vale por las ideas expresadas sino por la comunicación que generan. Las parejas deben tomar notas cuando escuchan y subrayar los textos para intercambiar sus impresiones. Cuando hablen, procuren entender lo que el otro dice y siente. Hagan preguntas de aclaración como: "¿Lo que quieres decir es…?". Repite lo que crees que tu cónyuge dijo y dale la oportunidad de aclarar sus ideas. Expresa amor aun cuando no estás de acuerdo. Recuerda, tu objetivo en la comunicación es entender a tu cónyuge, descubrir sus necesidades, y encontrar la manera de ayudar a suplirlas. Si el esposo y la esposa se concentran en el bienestar del otro, en poco tiempo su matrimonio superará todas sus expectativas.

Los patrones de crecimiento que has establecido a lo largo de la consejería o de leer libros, escuchar al otro y asistir a talleres, deben volverse una ocupación permanente en su relación. Los matrimonios no son estáticos: crecen o se contraen. Debes continuar haciendo lo que ha ayudado a que tu matrimonio crezca. La meta final no es un matrimonio "perfecto" sino un matrimonio "que crece". La perfección es algo difícil de definir, e incluso cuando se logra es momentánea. El crecimiento es una meta que puede lograrse hoy y todos los días. Si estás creciendo, hay esperanza, emoción y plenitud. Tal crecimiento debe continuar mientras vivas. De ese modo, tu matrimonio estará siempre vivo.

Permite que tu matrimonio sea la relación más importante en tu vida. Que cada uno de ustedes le dé al otro el primer lugar en su mente. Mantén a Dios en el centro de tu relación. Hagan algo cada día para expresarse su amor mutuo. Minimiza las debilidades del otro y maximiza sus fortalezas. Alardea de los logros de tu cónyuge, y así brillará. Ama, y serás amado. Aplica a tu matrimonio la regla de oro para todas las relaciones: "Traten a los demás como ustedes quieren ser tratados" (Mt. 7:12, TLA).

PASOS DE CRECIMIENTO

1. Nadie, ni siquiera Dios, te obligará a trabajar en recuperar tu matrimonio. Esa es una decisión que solo tú puedes tomar. Pero si lo decides, tendrás toda la ayuda

de Dios a tu disposición. Has hablado y observado a muchos que han experimentado el divorcio. ¿Estarías dispuesto a buscar una pareja que tiene un buen matrimonio y preguntarles cómo lo han logrado? Quizá puedas entrevistar a varias parejas casadas y preguntarles qué problemas han solucionado para alcanzar la plenitud.

2. Si decides recorrer "el camino menos transitado", tal vez quieras usar la siguiente lista de guía:

Pasos que hemos tomado:	**Fecha:**
Tomar la decisión de buscar la reconciliación	________
Hablar con Dios acerca de mi decisión y buscar su ayuda	________
Invitar a mi cónyuge a una cena	________
Mi cónyuge aceptó la invitación	________
Conté mi decisión a mi cónyuge	________
Mi cónyuge aceptó buscar la reconciliación	________
Programé una sesión con pastor o consejero	________
Hice las tareas que me dejó el consejero	________
Sesiones de consejería adicionales	________
Otras tareas de comunicación completadas	________
Sesiones adicionales de consejería	________
Otras tareas de comunicación completadas	________

Libros que hemos leído y comentado:

1. ______________________________
2. ______________________________
3. ______________________________

4. ______________________________
5. ______________________________

Podcasts o videos sobre el matrimonio que hemos escuchado y comentado:

1. ______________________________
2. ______________________________
3. ______________________________
4. ______________________________
5. ______________________________

Talleres, seminarios, o clases matrimoniales a los que hemos asistido:

1. ______________________________
2. ______________________________
3. ______________________________
4. ______________________________
5. ______________________________

10

Y si esto no funciona…

La reconciliación no siempre es posible. Tus mejores esfuerzos pueden recibir una respuesta fría y hostil, y al final fracasar. Incluso Dios no siempre pudo reconciliarse con su pueblo. "le había dado carta de divorcio por todos los adulterios que había cometido [Israel]" (Jer. 3:8, NVI). La reconciliación no siempre es posible porque requiere la colaboración de dos personas, y nadie puede obligar al otro a volver.

La libertad humana es real. Dios no obligaba a Israel a volver. Él presionó a la nación permitiendo que sus enemigos triunfaran. Les quitó su bendición, pero Dios no forzó a Israel a volver. Dios nunca quitará al hombre la libertad de elegir. Debemos recordar eso cuando oremos. Muchos cristianos separados han orado y rogado a Dios para que "traiga al cónyuge de vuelta". Si el cónyuge no regresa, el creyente se desanima y concluye que Dios no responde la oración. Muchos se han enojado con Dios y criticado la iglesia y el cristianismo, y así han dado la espalda a su única fuente de verdadera ayuda. Pero Dios no obligará a tu cónyuge a que regrese. Él, en respuesta a tus oraciones, lo presionará para que busque la reconciliación, pero aun así, tu cónyuge puede decidir rebelarse contra la dirección de Dios y contra tus mejores esfuerzos.

¿Significa la posibilidad de fracasar que no debamos intentarlo? Toda la enseñanza de la Biblia se opone a una actitud de inutilidad. Dios nunca se da por vencido con su pueblo, y la historia abunda en ejemplos de restauración espiritual genuina. La restauración matrimonial merece correr el riesgo de fracasar.

No puedes forzar una reconciliación, porque por naturaleza es algo que requiere dos personas.

Tu actitud es importante. No digas: "Podría fracasar", sino más bien: "¡Podría triunfar!". Pocas metas valen tanto la pena como la restauración de tu matrimonio. Si logras descubrir no lo que tenías antes de la separación sino lo que soñabas tener cuando estaban casados, tus esfuerzos serán recompensados. Nunca he conocido a un individuo que sincera y constantemente, y en amor, haya intentado poner en práctica mis sugerencias y que haya lamentado haber hecho el esfuerzo. He conocido a muchas personas que han triunfado y que hoy están felizmente restauradas con sus parejas y creciendo juntos.

A lo largo del libro he tratado de ser realista señalando que no puedes controlar la respuesta de tu cónyuge. Tú eres responsable de guardar tu propio corazón y de velar sobre tus propias palabras y acciones. He señalado que el ideal bíblico te llama a la reconciliación. Debes hablar con Dios ya sea para aceptar o rechazar ese ideal. Tu cónyuge debe afrontar la misma responsabilidad. Tu decisión de reconciliarte no garantiza que tu cónyuge corresponda. Él o ella es libre para elegir.

¿Debo impugnar el divorcio?

Si tu cónyuge exige el divorcio, poco o nada se gana con impugnar tal iniciativa. Durante un tiempo, la mayoría de estados de los Estados Unidos exigían evidencia de que se había hecho algún esfuerzo por reconciliarse antes de conceder un divorcio. Ya no sucede así. Muchos consejeros están de acuerdo en que forzar una reconciliación sirve de poco, porque la unión de dos vidas precisa una elección, no coerción. Las leyes sobre el divorcio en muchos lugares son muy liberales, y los esfuerzos por impugnar el divorcio tienen poca utilidad aparte de aumentar los gastos legales. La impugnación de un divorcio es simplemente un paso legal en el cual las partes buscan demostrar que el otro no tiene fundamento para pedirlo. Eso era posible cuando las leyes estatales permitían el divorcio aduciendo locura, adulterio o abandono. Sin embargo, ya que hoy día casi todos los estados tienen una reglamentación sobre el divorcio no contencioso, lo único que logra la impugnación es demorar el proceso. Puedes pedir tiempo, y algunos estados incluso exigen una separación previa al divorcio, pero buscar impedir el divorcio es inútil.

Puede parecer injusto que, si tu cónyuge exige un divorcio, tú única opción sea acceder a su decisión, pero así son por naturaleza las relaciones humanas. No podemos obligar a nadie a ser nuestro amigo. La amistad es una decisión mutua entre dos personas. Si una elige desintegrar la amistad, la otra nada puede hacer para mantenerla viva. El matrimonio es la amistad más íntima, y también requiere acción recíproca.

No puedes forzar una reconciliación, porque por naturaleza es algo que requiere dos personas. No obstante, el divorcio, que significa literalmente "desunir", requiere la acción de un solo individuo. Si una persona desea la unión y otra la desunión, el que desea la desunión prevalece, porque la unión es imposible sin su consentimiento.

¿Necesito un abogado?

El divorcio no solo rompe los lazos de una relación emocional y física, sino de un contrato legal. Cada estado tiene sus propias leyes y reglamentos para la disolución de un contrato matrimonial. En la mayoría de los casos se necesita un abogado que interprete las leyes y guíe el proceso. En California, en 1969, se inició un proceso sin necesidad de abogado ni tribunal para parejas sin hijos ni propiedades, con menos de $5.000 dólares en activos personales y menos de $2.000 en deudas. Este procedimiento simplificado de divorcio costaba solo cuarenta o cuarenta y cinco dólares. Otros cuarenta y siete estados de los Estados Unidos siguieron la misma pauta durante los veinte años siguientes.[1] Estas leyes para el divorcio no contencioso tienden a repartir por igual los bienes entre el esposo y la esposa, dando por sentado que cada uno trabajará y se sostendrá por sí mismo en el futuro.

Con el paso del tiempo, las leyes del divorcio no contencioso demostraron ser injustas para las mujeres y los niños. A finales

---

1. Michael J. McManus, *Marriage Savers* (Grand Rapids: Zondervan, 1993), p. 230.

de los años ochenta, California hizo cambios para corregir esta desigualdad, y otros estados han hecho ajustes similares. Ahora, en la mayoría de los casos, el divorcio culposo puede ser un factor determinante en la adjudicación de bienes, la manutención de los hijos y la pensión alimentaria. Dado que las leyes varían según los estados, la mayoría de las parejas necesitan un abogado que los guíe en los aspectos legales del divorcio.

¿Necesita cada cónyuge su propio abogado? Si tu cónyuge te pide el divorcio, su abogado representará solo sus intereses. Si han tenido problemas para llegar a acuerdos financieros y asuntos relacionados con los hijos, es indispensable que tengas un abogado que represente tus intereses. Si tú y tu cónyuge pueden llegar a un acuerdo equitativo, entonces un abogado puede representar a ambos. Sin embargo, antes de ponerse de acuerdo acerca de un abogado, debes pasar por la biblioteca pública y leer algunos libros y folletos acerca de los aspectos legales del divorcio o buscar la información en sitios confiables de la Internet. Conviene también que hables con varios amigos que han experimentado un divorcio. Eso te dará una idea más realista de lo que supone un acuerdo equitativo.

Con frecuencia, nuestras emociones interfieren con el proceso de llegar a un acuerdo equitativo. Ann Diamond, una abogada especializada en divorcios, ha enumerado las siguientes situaciones en las cuales las emociones interfieren con un acuerdo justo:

- Un cónyuge rechazado, incapaz de aceptar el fin de la separación, puede acceder a casi cualquier exigencia del otro con la esperanza de que esto facilite una reconciliación.

- Una mujer acostumbrada a que su esposo tome todas las decisiones importantes seguirá buscando en él consejo, a pesar de que la haya abandonado y ya no tenga interés en protegerla.
- El cónyuge pasivo y sufrido en ocasiones busca rectificar el acuerdo por todas las miserias pasadas de la relación, sean autoinfligidas o no.
- Cuando la ruptura es repentina, el cónyuge rechazado (por lo general, la esposa) puede estar tan traumatizado que es incapaz de hacer una estimación realista de sus necesidades financieras futuras.
- El cónyuge que quiere separarse puede sentirse tan culpable que intente compensar siendo excesivamente generoso en la repartición de los bienes y accediendo a pagar o recibir apoyo económico que es excesivamente alto o bajo. El resentimiento que esto produce puede estallar a largo plazo y causar más problemas para ambos.
- Cuando el cónyuge rechazado está demasiado deprimido para soportar más presiones, puede aceptar cualquier arreglo financiero solo para quitarse de encima el asunto.
- Un cónyuge puede usar a los hijos como instrumento para presionar y vengarse del cónyuge que lo ha rechazado.[2]

---

2. Mel Krantzler, Creative Divorce (Nueva York: New American Library, 1975), p. 220. Publicado en español por Extemporáneos con el título *Divorcio creador: una nueva oportunidad para el crecimiento personal.*

Puede que necesites no solo ayuda legal sino emocional para decidir los detalles del acuerdo. Como cristiano, no te conviene usar el acuerdo como castigo contra tu cónyuge. Por otro lado, debes ser realista en cuanto a tus necesidades y, si tienes hijos, buscar lo que más les conviene a ellos.

¿Qué pasa con los hijos?

Diles a tus hijos la verdad acerca de la separación y el inminente divorcio. No trates de protegerlos mintiéndoles. Al final, ellos se enterarán de la verdad y, si les has mentido, perderán su confianza en ti. Sencillamente háblales, en los términos más claros, lo que ha sucedido en tu matrimonio. Lo ideal es que ambos padres hablen juntos con los hijos y les comuniquen su decisión de divorciarse. Manifiéstenles su amor y díganles que ellos no fueron los causantes del divorcio. Si tu cónyuge no está dispuesto a acompañarte para hablar con los niños, entonces debes hacerlo a solas y confiar en que tu cónyuge hable con ellos después.

Es de suma importancia que los niños sientan tu amor. La necesidad de amar y de ser amados es una de las emociones humanas más fuertes. En la infancia, la necesidad de ser amado está directamente relacionada con el sentimiento de seguridad. Sin amor, el niño se vuelve emocionalmente inseguro. No des por hecho que tu hijo se siente amado porque tú le dices: "Te amo". El Nuevo Testamento nos reta a no solo amar de palabra sino de hecho (1 Jn. 3:18). Descubre qué hace a tu hijo sentirse amado. Para algunos niños es que alguien se siente a su lado y les hable, para otros es recibir favores especiales. Otros se sienten amados cuando les das regalos inesperados (lo cual puede ser usado para explotar a los padres), mientras que otros responden al contacto físico. Por supuesto que también conviene que le digas con frecuencia: "Te amo".[3]

Ambos padres deben manifestar amor a los hijos de la manera en que ellos lo entienden. Pero si uno de los padres no expresa amor, es de poca utilidad que el otro trate de asegurar a los hijos que el padre no afectuoso los ama. Para los niños, las acciones son más elocuentes que las palabras. El amor que solo se demuestra en palabras es amor barato.

Si un niño dice a la madre: "Papá ya no me quiere, ¿o sí?", la madre sabia responderá: "¿Por qué lo dices?". Después que el niño haya expresado su desilusión, la madre puede preguntar: "¿De qué forma puede papá manifestarte su amor?". La respuesta a esa pregunta debe ser comunicada al padre, no a manera de condenación sino como información. Al padre o la madre que ha dejado el hogar yo le diría: "Tú te has divorciado de tu cónyuge. Por favor no te divorcies de tus hijos. Ellos necesitan tu amor".

Una segunda necesidad emocional para el niño es la disciplina. Un niño necesita límites a fin de sentirse seguro. A veces, los padres divorciados tratan inconscientemente de compensar la pérdida del hijo consintiéndolo. Si tú cedes a todos los caprichos de tu hijo, pronto te convertirás en su sirviente, y él crecerá esperando que otros lo sirvan. El problema con el "complejo de rey" (el sentimiento de que todo el mundo debería servirte) es que no hay muchos puestos para reyes en

---

3. Para saber más acerca de cómo descubrir el principal lenguaje del amor de tu hijo, lee Gary Chapman y Ross Campbell, *Los 5 lenguajes del amor de los niños* (Miami: Unilit, 1998).

nuestra sociedad. El padre que cría a un "rey" está criando a un inadaptado social.

Tu hijo necesita la seguridad que brindan las restricciones. Si ambos padres pueden ponerse de acuerdo en patrones básicos de conducta, tanto mejor. En asuntos como la hora de dormir, los hábitos de estudio, la alimentación y el comportamiento en general, los padres pueden fácilmente llegar a un acuerdo cuando toman seriamente la tarea de la crianza de un hijo. Cuando las normas son diferentes en los dos lugares de residencia, el niño puede disfrutar más libertad en uno, pero perderá la seguridad que brindan los límites bien definidos. Si no puedes ponerte de acuerdo con el otro en cuanto a ciertos límites, al menos trata de ser coherente. No cambies de reglas constantemente. Esa inconstancia produce frustración emocional en el niño.

Un error común de los padres divorciados es permitir que sus necesidades emocionales gobiernen sus acciones hacia los hijos.

Un error común de los padres divorciados es permitir que sus necesidades emocionales gobiernen sus acciones hacia los hijos. Por ejemplo, un padre puede usar un regalo de precio exorbitante para ganar el amor del hijo y así suplir su propia necesidad de ser amado. O, un padre puede constantemente menospreciar al otro en presencia del niño para ventilar su hostilidad contra su excónyuge. Estos comportamientos no benefician al niño. Debemos analizar nuestras acciones para discernir su propósito. El bienestar del niño debe ser la norma objetiva según el cual juzgamos nuestra conducta.

En los primeros años de la separación, el padre que tiene la custodia debe buscar mantener la rutina del niño lo más estable posible. En la medida de lo posible, el padre con la custodia y los hijos deben permanecer en la casa o el apartamento al menos durante varios meses. El divorcio ya es lo bastante traumático. Mudarse a otro lugar desconocido, dejar a los amigos y cambiar de escuela simplemente agravará los sentimientos de inseguridad del niño. Si es necesario mudarse, trata de mantener tanto como sea posible los antiguos patrones de vida. Costumbres como leer historias, jugar ciertos juegos y orar juntos promueven sentimientos de afecto aun en un lugar extraño.

El padre que tiene la custodia debe aceptar la participación del otro en la vida de los hijos. La mayor parte de los acuerdos de divorcio establecen pautas del tiempo que el padre que no vive con en niño pase con él. Es importante recordar que ambos individuos siguen siendo padres y que, si bien los roles han cambiado, ambos deben cultivar una relación constante con los hijos. Una excepción a este principio es cuando el otro padre es incapaz de relacionarse física o emocionalmente de manera constructiva con los hijos. Esto puede suceder por alcoholismo, abuso de sustancias, maltrato físico o abuso sexual, o por incapacidad mental. En dichos casos, es conveniente que el padre que vive con el niño busque el consejo de un abogado o consejero para saber cómo actuar en esa situación particular.

Los amigos, los parientes y la familia espiritual de la iglesia pueden ser de valor inestimable para los hijos de padres divorciados. Los abuelos pueden servir de modelos cuando el padre, por cualquier motivo, sea incapaz de pasar tiempo con los hijos. Los tíos y las tías están a veces dispuestos a cuidar a los niños durante visitas prolongadas. Los amigos pueden pasar tiempo de calidad con los niños y enseñarles destrezas específicas. Cada vez hay más iglesias que empiezan a ofrecer ayuda para suplir las necesidades del padre o la madre divorciado. Ponen a su disposición talleres, seminarios, libros, y consejería personal. No dudes en pedir ayuda a los amigos y familiares si crees que pueden hacerlo. Muchos están dispuestos, pero no están seguros de tomar la iniciativa.

Vivir en un hogar divorciado no es ideal para los niños, pero también es cierto que gran parte de la vida hay que vivirla en circunstancias que no son ideales. Sé positivo. Aprovecha al máximo lo que tienes. Pon tu mano en la mano de Dios y busca la ayuda que tengas disponible. Deja que el amor de Dios te consuele y que su poder te capacite para ser el mejor padre.

¿Soy libre para volver a casarme?

Está fuera del ámbito del presente libro ofrecer un tratado extenso de los pasajes bíblicos que hablan acerca del divorcio y el nuevo casamiento. Hay un gran número de libros excelentes que están disponibles y que ofrecen un análisis exegético detallado de esos pasajes.[4] La Biblia hace énfasis en el ideal divino: el matrimonio monógamo para toda la vida. Además, habla del divorcio como el fracaso humano de vivir este ideal, aunque dice muy poco acerca de casarse de nuevo.

Aun en el caso de los viudos, la Biblia no ordena ni con-

---

4. See H. Wayne House, *Divorce and Remarriage: Four Christian Views* (Downers Grove, IL: InterVarsity, 1990).

dena los nuevos casamientos. La decisión es de cada individuo y este debe tratar de discernir lo que más le conviene (Ro. 7:1-6; 1 Co. 7:6-9; 1 Ti. 5:14). En el caso del divorcio por motivos de fornicación o abandono, la Biblia tampoco habla sobre el nuevo casamiento. Así que en el caso de divorcio por fornicación o abandono, muchos creen que la Biblia no condena ni tampoco recomienda nuevas nupcias.

La mayoría de consejeros coinciden en que toma un par de años procesar el trauma emocional de un divorcio.

No obstante, el divorcio sí ocurre por otros motivos aparte de la infidelidad sexual y el abandono. Con el aumento de leyes de divorcio no contencioso, la mayoría de los divorcios surgen de razones muy subjetivas, como una supuesta incompatibilidad. Según las enseñanzas de Jesús y de Pablo, los divorciados que vuelven a casarse por otros motivos aparte de la fornicación y el abandono cometen adulterio.[5] Pablo dice en 1 Corintios 7:10-11: "Pero a los que están unidos en matrimonio, mando, no yo, sino el Señor: Que la mujer no se separe del marido; y si se separa, quédese sin casar, o reconcíliese con su marido; y que el marido no abandone a su mujer".

Aunque se reconoce la posibilidad del divorcio, las Escrituras no lo alientan. Las nuevas nupcias, excepto quizá en caso

5. Ver Mateo 5:32, 19:9; Marcos 10:11-12; Lucas 16:18; 1 Corintios 7:15.

de fornicación o abandono, son consideradas como adulterio. Entonces puede plantearse inmediatamente la pregunta, ¿acaso el adulterio no puede ser perdonado? La respuesta claramente es sí. Si hay una confesión sincera de pecado, el adulterio puede recibir perdón. Sin embargo, el perdón no borra los efectos del pecado. Miles de parejas perdonadas pueden testificar acerca de las cicatrices que perduran y nunca pueden borrarse.

¿Deberías volver a casarte? ¿Por qué no poner esa pregunta a un lado hasta que hayas hecho todos los esfuerzos por reconciliarte? Si la reconciliación es imposible, si el divorcio se ha consumado, si tu cónyuge se ha vuelto a casar o ha sido sexualmente infiel y rechaza todo esfuerzo de reconciliación, puedes contemplar un nuevo matrimonio. Pero no procedas con demasiada rapidez. La mayoría de consejeros coinciden en que toma un par de años procesar el trauma emocional de un divorcio. Apresurarse a casarse de nuevo es tentador, pero arriesgado. Eso puede dar cuenta quizá del hecho de que la tasa de divorcio de las segundas nupcias es más elevada que de las primeras. Dedica más tiempo a prepararte para tu segundo matrimonio. Puede ser más difícil lograr la unidad debido a los recuerdos y la frustración que ya traes de tu primer matrimonio. Toma tiempo para redescubrirte antes de buscar nuevas nupcias.

PASOS DE CRECIMIENTO

1. Si tu cónyuge insiste en divorciarse y se niega a dar cualquier paso hacia una reconciliación, pide a Dios sabiduría y fortaleza para aceptar esta decisión.

2. Por tu lado, mantén la puerta de la reconciliación abierta, y ora para que Dios continúe obrando en la mente de tu cónyuge.
3. Busca el consejo de un abogado, un pastor o un amigo que responda tus inquietudes.
4. Busca la equidad en todos los acuerdos legales.
5. Elige uno o más libros o sitios en la red de la lista de recursos al final del libro, y sigue procurando tu crecimiento personal.

11

Enfrenta el futuro

A diferencia de tus sentimientos actuales, tu futuro puede ser prometedor. Los planes de Dios para ti son buenos. "Porque yo sé los pensamientos que tengo acerca de vosotros, dice Jehová, pensamientos de paz, y no de mal, para daros el fin que esperáis" (Jer. 29:11).

Los fracasos del pasado no tienen por qué arruinar tu esperanza para el futuro. Si es tu deseo, puedes descubrir la dicha de un matrimonio que renace, que resurge a un nivel mucho más profundo que antes. La comunicación y el entendimiento mutuo pueden ser mucho más íntimos que nunca antes. Al perdonar lo pasado, compartir sentimientos, hallar comprensión y aprender a amarse, pueden encontrar la plenitud en su matrimonio. Estas no son meras ilusiones. Es la realidad para cientos de personas que se han comprometido con su pareja a recorrer el camino de la reconciliación.

He tratado de ser realista al describir el proceso de restauración de un matrimonio. No es fácil. Será doloroso cuando tu cónyuge te comunique con franqueza sus sentimientos que se han desarrollado a lo largo de los años. Tu tendencia natural será defenderte y negar que has sido negligente en suplir las necesidades del otro. Verás claramente los defectos del otro mientras que los tuyos te parecen insignificantes. Es difícil admitir que tú también le has fallado a tu cónyuge.

A medida que los dos entienden sus defectos y errores, y proceden a corregirlos, pueden experimentar un gran crecimiento personal. Algunas cosas que te han desagradado de ti mismo durante años, pueden cambiar. No eres esclavo de tus viejos patrones de conducta. Te alentará mucho ver cómo te conviertes en la persona amorosa y considerada que quieres ser. Te llenará de emoción ver los cambios positivos en tu pareja.

Es poco probable lograr estos cambios sin la ayuda de Dios. Ambos necesitan volverse a Dios de nuevo. Si no lo han hecho, conviene que inviten a Cristo a su vida. Jesús murió para pagar por nuestros pecados. Dios nos quiere perdonar. Él no va a condenarte por tu pasado si aceptas a Cristo como tu Salvador. El Espíritu de Dios vendrá a morar en ti y te dará el poder para hacer los cambios necesarios en tu vida. Con su ayuda puedes lograr aquello que nunca creíste posible. Tu vida entera puede ser transformada, y así tú podrás ayudar a otros.

Quiero retarte a que aceptes el perdón de Dios, abras la puerta de tu vida a Cristo y, con tu mano en la mano de Dios, empieces a poner en práctica las sugerencias de este libro. Nunca lamentarás haber intentado buscar el plan perfecto de Dios.

Como he intentado decir a lo largo de este libro, tus esfuerzos no garantizan la restauración de tu matrimonio. Tu cónyuge tiene la libertad de rechazar todas tus iniciativas. Si después de hacer todos los esfuerzos de reconciliación, tu cónyuge se niega a reconciliarse, ¿dónde quedas tú? Tomado de la mano con Dios. Esa no es una posición de desventaja. Serás libre de la culpa de fracasos pasados porque habrás confesado tus ofensas a Dios y a tu cónyuge. Tendrás la satisfacción de haber buscado la reconciliación. Apreciarás tus propias capacidades y admitirás tus debilidades. Habrás iniciado un camino de crecimiento personal y de ministerio que conducirá a la plenitud. Dios no te hará responsable de la decisión de tu cónyuge. Tú solo eres responsable de tus propias actitudes y comportamiento.

Si la reconciliación no es posible, no pienses que los propósitos de Dios para ti se han terminado. Dios te ha dado dones y te ha llamado a servir a su familia. Él quiere usar tu vida para propósitos de vida, y quiere suplir todas tus necesidades (Fil. 4:19). No digas: "Nunca seré feliz sin mi cónyuge". Si tu cónyuge no regresa, Dios seguirá conduciéndote del valle de la desesperanza a la montaña del gozo. Dios no ha terminado su obra en ti. Tu felicidad no depende de lo que haga tu cónyuge, sino de tu respuesta frente a Dios y ante la vida. "Porque Dios es el que en vosotros produce así el querer como el hacer, por su buena voluntad" (Fil. 2:13).

La meta más elevada en la vida es seguir la dirección de Dios diariamente. Dios no solo te mostrará el camino a seguir, sino que te dará el poder para dar los pasos necesarios. Él se servirá de amigos, la iglesia y recursos de buena calidad para ayudarte. En esos momentos cuando nadie más puede ayudar, Él te garantiza su presencia. Como dijo David: "Me mostrarás la senda de la vida; en tu presencia hay plenitud de gozo; delicias a tu diestra para siempre" (Sal. 16:11).

En el interior de nuestro corazón, nadie puede destruir jamás la profunda paz que se desprende de conocer a Dios como Padre. Nada puede traer más seguridad. Ninguna relación humana puede reemplazar nuestra necesidad de compartir una vida con Dios. Él a su vez nos guiará a desarrollar relaciones humanas que nos permitan amar y ser amados.

El futuro está diseñado para ser la parte más prometedora de tu vida. Te animo a decir junto con el salmista: "Este es el día que hizo Jehová; nos gozaremos y alegraremos en él" (Sal. 118:24). Tal vez no puedas regocijarte por el pasado o ni siquiera por tu situación presente, pero puedes gozarte en que Dios te ha dado la capacidad de usar este día para bien. Si lo haces, te alegrarás.

Recursos

Ya sea que puedas recorrer el camino de la reconciliación o que te hayas visto obligado a aceptar el divorcio, leer libros adecuados y explorar contenidos útiles en la Internet puede ser de gran ayuda para que puedas sacar el máximo provecho de tu vida. Puede que no estés de acuerdo con todo lo que leas, pero busca ideas prácticas que puedan ayudarte a alcanzar tus metas. Dios no nos ha dejado sin dirección. Los libros escritos desde una perspectiva bíblica pueden ayudarte a encontrar el camino divino. Recuerda que no basta con leer. Debes poner en práctica la verdad. Puede que necesites hacer cambios radicales en tu forma actual de pensar y de conducirte. En ese caso, cuentas con todo el poder de Dios para ayudarte.

Recursos para crecer durante la separación

Carder, Dave, con Duncan Jaenicke. *Destrozados: La recuperación de una relación extramatrimonial.* Miami: Unilit, 2013. Hay esperanza para recuperarse de la destrucción que produce una relación extramatrimonial. Este libro brinda consejos prácticos para iniciar el proceso de recuperación. Carder analiza por qué suceden las relaciones extramatrimoniales y ofrece ayuda paso a paso para recuperarse y reconstruir la relación.

Chapman, Gary. *El enojo: Cómo manejar una emoción poderosa de una manera saludable*. Grand Rapids: Portavoz, 2009. El enojo puede ser productivo y generar cambio positivo si es legítimo y se expresa de manera constructiva. ¿Cómo reconocer la diferencia entre enojo legítimo y enojo distorsionado? ¿Cómo puedes usar tu enojo para edificar con eficacia tus relaciones personales en lugar de destruirlas? El libro responde estas preguntas y ofrece sugerencias prácticas para controlar tu enojo para que este no te controle a ti.

Cloud, Henry, y John Townsend. *Límites en el matrimonio*. Miami: Vida, 2009. Los autores del éxito de librería *Límites* presentan las diez leyes de los límites que transforman por completo la dinámica del matrimonio y de las relaciones en general.

McGinnis, Alan Loy. *La amistad: factor decisivo en las relaciones humanas*. El Paso, TX: Mundo Hispano, 1982. Este libro es de lectura obligatoria para parejas que quieran volverse amigos. Abunda en ideas acerca de cómo profundizar las relaciones, cultivar la comunión íntima, manejar las emociones negativas y perdonar. La sección acerca de cómo recuperar una amistad es especialmente pertinente para quienes están separados.

Recursos para reconstruir un matrimonio

Chapman, Gary. *Los 5 lenguajes del amor: El secreto del amor que perdura*. Miami, FL: Unilit, 2010. Lo que hace a una persona sentirse amada no necesariamente funciona en otra. La clave para mantener vivo el amor matrimonial es descubrir el lenguaje principal de amor de tu pareja y tomar la decisión de hablarlo con regularidad. El Dr. Chapman describe cada uno de los cinco lenguajes del amor y ofrece una guía para aplicarlos al matrimonio. Incluye autoevaluaciones.

__________. *El matrimonio que siempre ha deseado*. Grand Rapids: Portavoz, 2006. Una vez que ha tomado la decisión de buscar la reconciliación, este libro le mostrará el camino hacia el crecimiento matrimonial. El Dr. Chapman abarca temas como las finanzas, el sexo, la comunicación y mucho más, subrayando la importancia de la unidad matrimonial. Cada capítulo concluye con "pasos de crecimiento" para que los cónyuges puedan poner en práctica lo que han aprendido.

Dobson, James. *El amor debe ser firme*. Miami, FL: Vida, 2006. Este libro es para cónyuges que han probado varias estrategias y han ofrecido al otro cónyuge muchas oportunidades. El Dr. James Dobson brinda esperanza a quienes están a punto de abandonarlo todo, comunicando una nueva forma de amar a su cónyuge, aun cuando ellos son los únicos que están dispuestos a dar al matrimonio otra oportunidad.

Downs, Tim, y Joy Downs. *Juegue limpio: Cómo ganar en los conflictos sin perder en el amor*. Miami, FL: Unilit, 2004. El conflicto es "el arte de disentir mientras se toman de la mano", y los autores le recuerdan a cada pareja casada que el conflicto es una parte del matrimonio y de la vida que no se puede eludir. Los lectores aprenderán a establecer su propio reglamento y a emplear las actitudes correctas, que incluyen humildad, generosidad y mansedumbre.

Gottman, John, PhD, y Nan Silver. *¿Qué hace que el amor perdure? Cómo crear confianza y evitar la traición en la pareja.* Barcelona: Paidós, 2013. A partir de décadas de investigación, el psicólogo y consejero Gottman analiza por qué algunos matrimonios florecen y otros se marchitan, y explora el papel central de la confianza.

Leman, Kevin. *Música entre las sábanas: Descubra los secretos de la intimidad sexual en el matrimonio*. Miami, FL: Unilit, 2004. Con su franqueza característica, Kevin Leman dice a las parejas todo lo que necesitan saber acerca de construir relaciones sexuales sanas y satisfactorias. Trata las actitudes, las técnicas, y mucho más.

Williams, Joe, y Michelle Williams. *Sí, puedes salvar tu matrimonio*. Miami, FL: Vida, 2009. Un libro de Enfoque a la Familia. Los autores comunican sus ideas, basándose en su propia experiencia con la separación y la reconciliación.

Recursos para enfrentar el divorcio

Smoke, Jim. *Cómo crecer por el divorcio: Guía práctica para sobreponerse a un divorcio*. Grand Rapids: Portavoz, 1995. Cuando la reconciliación es imposible y el divorcio una realidad, este libro práctico señala el camino hacia una vida más allá del divorcio. Trata temas como asumir la responsabilidad personal, encontrar una familia, buscar el perdón, tus hijos, tu futuro y una vida nueva.

Recurso en línea

enfoquealafamilia.com: Una gran cantidad de recursos que tratan cuestiones relacionadas con el matrimonio, la familia, el divorcio y la separación.

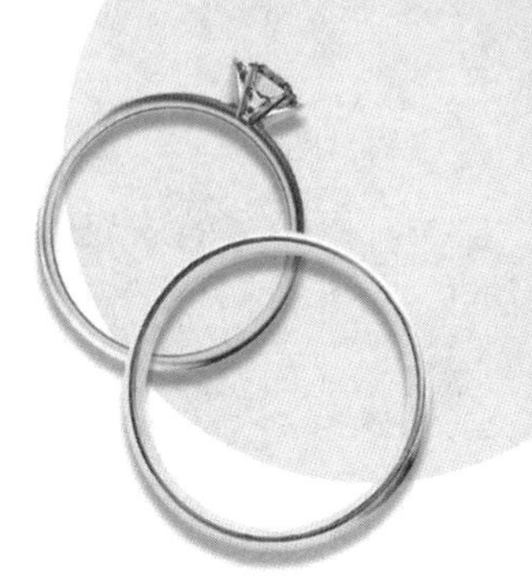

Reconocimientos

Tengo una gran deuda con la multitud de personas que me han contado sus luchas. En medio de sentimientos encontrados de amor y odio, enojo y preocupación, muchos de ellos han seguido el camino de la reconciliación. No todos han tenido éxito, pero todos han podido madurar. He visto cómo asumen su responsabilidad con el fracaso y se han levantado para afrontar el futuro con confianza. Su ejemplo ha servido para animarme a escribir este libro, cuyo propósito es mostrar el camino a la esperanza.

Quiero expresar mi gratitud sincera a Betsey Newenhuyse que sirvió como editora de este proyecto. Todo el equipo de Moody Publishers ha sido de gran ayuda en esta iniciativa para ayudar a las parejas a *intentarlo de nuevo*.

El mensaje central del libro es: para disfrutar "el matrimonio que siempre ha deseado", tiene que primero ser la persona que Jesús siempre ha deseado que sea. Trata, entre otros, los temas de la comunicación, las expectativas y el reto de cómo manejar el dinero. Este libro es continuación de *Los cinco lenguajes de amor.*

Biblia devocional: Los lenguajes del amor

El Dr. Gary Chapman, reconocido autor y experto en relaciones humanas, nos ofrece útiles "y a veces sorprendentes" perspectivas de por qué usted se enoja, qué puede hacer al respecto y cómo usarlo de una manera constructiva. Incluye una guía de 13 sesiones para fomentar el debate, perfecta para grupos pequeños.

NUESTRA VISIÓN

Maximizar el efecto de recursos cristianos de calidad que transforman vidas.

NUESTRA MISIÓN

Desarrollar y distribuir productos de calidad —con integridad y excelencia—, desde una perspectiva bíblica y confiable, que animen a las personas a conocer y servir a Jesucristo.

NUESTROS VALORES

Nuestros valores se encuentran fundamentados en la Biblia, fuente de toda verdad para hoy y para siempre. Nosotros ponemos en práctica estas verdades bíblicas como fundamento para las decisiones, normas y productos de nuestra compañía.

Valoramos la excelencia y la calidad
Valoramos la integridad y la confianza
Valoramos el mérito y la dignidad de los individuos y las relaciones
Valoramos el servicio
Valoramos la administración de los recursos